周春华　陈志强　著

# 垂虹亭下足如咸

## 历 代 名 人 与 垂 虹 桥

文物出版社

**图书在版编目（CIP）数据**

垂虹亭下星如织：历代名人与垂虹桥 / 周春华，陈
志强著 . -- 北京：文物出版社，2025.4 . -- ISBN 978-
7-5010-8750-1

Ⅰ . K928.78

中国国家版本馆 CIP 数据核字第 2025SS4365 号

**垂虹亭下星如织**：历代名人与垂虹桥

著　　者：周春华　陈志强

责任编辑：刘永海
责任印制：王　芳

出版发行：文物出版社
社　　址：北京市东城区东直门内北小街 2 号楼
邮　　编：100007
网　　址：http://www.wenwu.com
邮　　箱：wenwu1957@126.com
经　　销：新华书店
印　　刷：苏州市越洋印刷有限公司
开　　本：710mm×1000mm　1/16
印　　张：20
版　　次：2025 年 4 月第 1 版
印　　次：2025 年 4 月第 1 次印刷
书　　号：ISBN 978-7-5010-8750-1
定　　价：98.00 元

# 编委会

**主　任**

张育英

**副主任**

姚晨峰　凌刚强

**委　员**

（以姓氏笔画为序）

王开宗　孙小川　朱颖浩　汝悦来　吴　恺
杨晓斌　陈志强　周春华　施钰琪　凌　芸

**主管单位**

苏州市吴江区文体广电和旅游局

**主编单位**

苏州市吴江区文物保护管理所

**书名题写**

孙俊良

# 序

　　20 世纪 80 年代初我和吴江就相识、相知，跑遍了吴江所有的古镇，素知松陵的垂虹桥以"江南第一长桥"闻名遐迩。垂虹桥旧名利往桥，俗称长桥，始建于宋庆历八年（1048），当时为木结构，有一座名曰"垂虹"的亭子屹然立于桥心，桥洞最多时为九十九孔。元泰定二年（1325）易石重建为六十二孔（也有六十四孔、七十二孔的记载），桥中间有三大孔凸起以通舟，两堍立"汇泽""底定"二亭，并各立一对石狮。易石重建后，元、明、清三代多次进行修缮。民国四年（1915）重修时，见有四十四孔，其余埋在地下。江苏省人民政府于 1957 年 8 月公布为江苏省文物保护单位时，能见有四十七孔。由于年久失修，1967 年 5 月 2 日晚大部分塌毁，所幸东西两端存有桥洞，东端为十孔，西端显露在外的为七孔，尚有约四孔埋在地下。

　　垂虹桥坐落在离太湖只有三华里的古吴淞江和大运河交汇处的宽阔水面上，远远望去，"环如半月，长若垂虹"，壮丽秀美，独步江南。桥东南堍还耸立着一座华严寺塔，构成了"长桥塔影"这一水乡特有的景观。垂虹桥从初建至今已有近千年，其历史基本与吴江的建县史相当，易石重建至今也七百年。从垂虹桥两端所遗留桥洞的材质上看，既有宋元时江南建桥常用的紫石（武康石），还有明代常用的青石（太湖石），也有清代、民国常用的花岗石（金山石），印证了垂虹桥元代易石重建、明清两代和民国初年多次修缮的历史。令人欣喜的是，现在垂虹桥的桥洞、桥堍、柱础、亭基等文物遗存均为元、明时期的遗构，历史悠久，对中国古代桥梁史来说具有较高的学术研究价值，为研究古代薄墩连锁拱桥以及桥梁史提供了典型的实物例证。2006 年，垂虹桥遗存由江苏省人民政府公布为江苏省文物保护单位。2019 年 10 月，国务院将其公布为全国重点文物保护单位，这些成绩反映了吴江区文体广电和旅游局同仁们对文物保护工作的重视，实为赞赏。

难能可贵的是，垂虹桥承载了自北宋以降历代诸多名人在此进行活动的史实。如北宋的张先、梅尧臣、欧阳修、苏舜钦、王安石、苏轼、苏辙、秦观、米芾等，南宋的叶梦得、张元幹、林外、陆游、范成大、杨万里、张孝祥、辛弃疾、陈亮、刘过、姜夔、戴复古、葛长庚、吴文英、周密、郑思肖、蒋捷、张炎等，元代的徐再思、乔吉、萨都剌、倪瓒、张以宁、顾瑛、陈基、王逢等，明代的高启、建文帝、杜庠、沈周、祝允明、唐寅、文徵明、文嘉、王世贞、冯梦龙、张溥、柳如是、夏完淳等，清代的吴伟业、陈维崧、朱彝尊、吴兆骞、康熙帝、乾隆帝、殷兆镛、冯桂芬等，近现代的樊增祥、陈去病、金松岑、陈曾寿、沈尹默、苏曼殊、柳亚子、吴湖帆、费孝通等，他们或来此观瞻赏景、作别怀古，或来此吟诗诵词、泼墨作画，留下了许多千古佳话和璀璨篇章。

垂虹桥在颇具科学研究价值的同时，还具有相当高的历史和艺术价值。为进一步保护好这一文化遗产，传承千年历史文脉，弘扬运河文化和太湖文化，苏州市吴江区文体广电和旅游局的工作人员和周春华、陈志强经数年搜集、整理、研究，撰写出了一百零六篇北宋至近现代名人与垂虹桥的因缘故事，以名人诗词、文赋、书画为媒，辑成《垂虹亭下星如织——历代名人与垂虹桥》一书，探寻出了一段段天假其便的因缘和一个个颇有意味的故事。作者周春华，通过同里凌刚强的引荐，我们早年相识于黎里。当时，他就职于黎里柳亚子纪念馆，与老馆长鲍建国为柳亚子旧居申报"国保"而奔走，邀我写一份《柳亚子故居的保护建议》，以充实申报文本内容。我赞赏像凌刚强、周春华、陈志强等一样的吴江文保工作者踏实、勤恳的工作作风；也深信，大家读了此书后，会与我一样对历史上有这么多名人倾情于一座桥而感到惊异和震撼，更生爱怜之情。聊以为序。

2024 年 9 月

阮仪三，1934 年 11 月生，苏州人，同济大学建筑城规学院教授、博士生导师。现任建设部同济大学国家历史文化名城研究中心主任，中国历史文化名城保护专家委员会委员。20 世纪 80 年代以来，努力促成平遥、周庄、丽江等众多古城古镇的保护。曾获联合国教科文组织遗产保护委员会颁发的 2003 年亚太地区文化遗产保护杰出成就奖。主要著作有《护城纪实》《护城踪录》《江南古镇》《历史文化名城保护理论与规划》等。

# 目　录

## 北宋

# 南宋

# 元代

# 明代

## 清代

# 近现代

# 概　述

　　吴江，别称鲈乡，位于长江三角洲腹地，北接苏州主城区，东邻上海，南近杭州，西濒太湖，全区总面积1176平方千米，户籍人口83万，常住人口98万，素来享有"鱼米之乡""丝绸之府"的雅誉。

　　吴江拥有非常丰厚的运河资源，三条运河纵穿南北，一条一小部分与运河重合

垂虹景区

现存垂虹桥东端桥孔

现存垂虹桥西端显露桥孔

的太浦河横贯东西。三条运河分别为江南运河东线(古运河)、江南运河中线(烂溪)和江南运河西线(颐塘)。

2021年春,吴江公布了吴江运河八景,其中的"垂虹秋色"即指位于松陵街道的垂虹桥。"垂虹秋色"四字取自北宋书画家、诗人米芾《吴江垂虹亭作》诗帖中的"好作新诗继桑苎,垂虹秋色满东南"。

垂虹桥位于吴江城区东门外,大运河与吴淞江故道(长桥河)的交汇之处。该桥自宋代始建起,即被誉为"三吴绝景""江南第一长桥",数百位历代名人为其吟诗诵词,泼墨作画,留下了灿烂的篇章。

岁月流逝,垂虹桥历经沧桑。由于年久失修,于1967年5月2日晚大部分塌毁,所幸东西两端存有桥孔,东端为十孔,西端显露七孔,尚有约四孔埋在地下。垂虹桥所遗桥孔于1986年7月以"垂虹桥遗迹"之名公布为吴江县文物保护单位。

2005年,吴江市委、市政府在垂虹桥遗迹周围建造垂虹景区,重现了东端的十孔桥洞及桥埠等,并加以修缮。2006年,垂虹桥东西两端桥孔仍以"垂虹桥遗迹"之名公布为江苏省文物保护单位。2019年10月,以"垂虹断桥"之名公布为全国重点文物保护单位。

垂虹桥从初建至今已有近千年,其历史基本上是与吴江的建县史相当,从易石重建至今也已有近七百年,从垂虹桥两端所遗桥孔的材质上来看,既有江南建桥宋

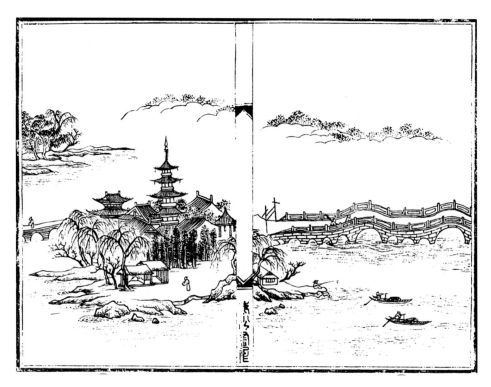

明弘治《吴江志》载《垂虹胜概图》（局部）

元时常用的紫石（武康石），又有明代常用的青石（太湖石），也有清代、民国常用的花岗石（金山石），印证着垂虹桥元代易石重建、明清两代和民国初年多次修缮的历史。

难能可贵的是，垂虹桥见证了自北宋以降历代诸多名人在此活动的史实，他们或来此观瞻赏景、作别怀古，或来此吟诗诵词、泼墨作画，留下了许多千古佳话和璀璨篇章。

如北宋大文豪苏东坡就在垂虹桥与友朋有过多次聚会。如在熙宁七年（1074），苏东坡从杭州去山东高密，与杨元素同舟，路过吴江，约张先、陈令举、刘孝叔、李公择等人至吴江，共游松江，夜半月出之时，置酒垂虹亭，对酒当歌，诗兴大发。当时，张先已八十五岁高龄，当场填《定风波令》，获得一片喝彩之声。七年之后，即元丰四年（1081），苏东坡在湖北黄州为官，时张先、陈令举、刘孝叔都已作古，

苏东坡像

陆游像

而吴江的垂虹桥与垂虹亭，苏轼得悉在那年夏天因"海风驾潮"而被冲塌，遂夜坐在黄州的临皋亭里，"追思曩时"，觉是一梦耳。又有一次，苏轼与秦观、释道潜相会于松江畔，正巧关彦长、徐安中也到吴江，聚宴于垂虹亭，饮酒畅谈后分韵作诗。对此，吴江方志上刊有苏轼、秦观、释道潜等人的多首诗作。

又如南宋大诗人陆游也曾到过垂虹桥。南宋乾道六年（1170）一个初夏日的午间，他到了吴江，由知县管銛、县尉周郧接待，经过宋大冶令王份在吴江东门外的曜庵，叹其流风，于当日傍晚离开吴江，回望垂虹桥、华严塔，感觉是图画一般，此后念念不忘。九年后，即南宋淳熙六年（1179），陆游到江西临川（抚州）任官，来至著名的拟岘台观雪，想到了吴江的垂虹桥，遂写下了《拟岘台观雪》一诗，其中有句云："垂虹亭上三更月，拟岘台前清晓雪。我行万里跨秦吴，此地固应名二绝。"将垂虹桥放至非常高的位置。

到了明清两代，垂虹桥仍是声名远扬。如安徽学子戴昭求学苏州，先后拜唐寅等为师，结交了吴地不少名流。明正德三年（1508），戴昭离别苏州时得到众多名士以垂虹桥为题材的赠诗，唐寅作《垂虹别意图》，戴昭便将诗画汇成《垂虹别意图卷》，由祝允明题"垂虹别意"引首，戴冠作序，包括沈周、唐寅、祝允明、文徵明在内的吴地三十余位名士作诗三十六首，汪昱作跋。《垂虹别意图卷》现藏美国大都会博物馆。

到了清代，康熙帝和乾隆帝多次到过垂虹

桥，并情有独钟。康熙帝的《晚过吴江》诗，首句便吟咏了垂虹桥，为"垂虹蜿蜒跨长波"，同时，康熙帝还将他对垂虹桥的爱怜之情移至了承德的避暑山庄。乾隆帝不光为垂虹桥四周的景观写了多首诗，还在写河北省紫泉行宫、圆明园狮子林等景观时多次提到了吴江的垂虹桥。

垂虹桥不仅具有重要的历史价值，更拥有精妙的艺术价值，如"垂虹秋色"景观其名来源于《吴江垂虹亭作》诗帖。该帖采自《蜀素帖》，是米芾于宋元祐三年（1088）在蜀素上书其所作各体诗八首，现收藏于台北故宫博物院。

又如历代遗存下来多幅垂虹桥画作，有南宋《长桥卧波图》，明代沈周的《垂虹暮色图》、《垂虹桥图》、《吴江图卷》，唐寅的《垂虹别意图》，文徵明的《垂虹送别图》，文嘉的《垂虹亭图》，钱谷的《白岳游图册》，张元士的《垂虹亭》，张宏的《垂虹晚渡》等，现都庋藏于著名博物馆，尤以沈周、唐寅、文徵明等吴门画家为主。所作既有对垂虹桥景实录，亦有在实景基础上予以艺术创作，但对垂虹桥及周边环境风貌的描绘大体一致，具有珍贵的艺术价值和历史价值。

另北宋晚期画家王希孟画有《千里江山图》，现藏故宫博物院，此画中的长桥，傅熹年、唐寰澄等著名桥梁专家都认为是垂虹桥；元代无名氏画家画有《石砌垂虹桥图》，现藏美国纽约大都会博物馆；明弘治《吴江志》刊有《垂虹胜概图》等；近代则有著名画家吴湖帆仿沈周画的《垂虹桥》，著名画家顾麟士的《垂虹秋泊》，等等，

垂虹别意图卷（局部）

都具有颇高的艺术价值和历史价值。

鉴于以上所述，编著出版一本全面描述历代名人与垂虹桥史实的书籍，具有充足的素材，对于吴江弘扬运河文化和垂虹文化，传承千年历史文脉，促进吴江经济社会发展必有一定的促进作用。

北宋

# 李问和王庭坚建利往桥

宋庆历三年（1043），大理寺丞李问到吴江任知县。同一年，王庭坚来吴江任县尉。

庆历七年（1047）冬天，李问和王庭坚"嗟邑民之陋，鲜慕学者"，拟扩建孔庙，增大学宫，让更多的读书人前来学习。于是，向县里的富民晓谕"以奉释氏不若助县官兴学"。民众刚听到这个消息时，感到很是骇异，隔了些日子，"心晓意解，欢然从命"，大家一共捐了数百万缗钱。

正准备动工，朝廷下诏令来说，郡县不可新建庙学。李问和王庭坚两人很是着急，一起商量道："民既从，财既输矣，倘不能作一利事以便人，吾何以谢百姓？"于是，决定将这些捐款移来修桥。

那时的吴江县城，被江流分为两半，一半居民住在吴淞江南，一半居民住在吴淞江北，"晨暮往归，事无纤巨"，两地的联系全靠舟船，居民们感到非常不

明弘治《吴江志》载李问等"去思祠诸公像"

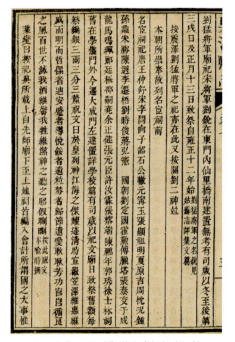

清乾隆《吴江县志》载名宦祠祀李问等

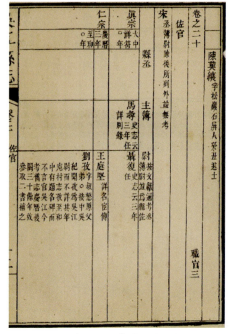

清乾隆《吴江县志》载佐官王庭坚

便。而且"县当驿道，川奔陆走者，肩相摩、橹相接"，遇有大风大浪，则"左江右湖，漂泊无所"，水上舟船和陆上行人多有风险。因此，李问察看了地理形势后，觉得在这里建一座桥很有必要。

但在这里造桥并非易事，桥要横跨宽阔的吴淞江，又处在太湖出水口上，大家听说桥长一百余丈，要用木材万余根，都很惊骇，非议非常多。李问和王庭坚坚持不动摇，召集工匠，筹集工料，于庆历八年（1048）春开始兴建，由王庭坚亲自负责施工。两个月后，是年六月，桥建成了，长千余尺，桥面建有护栏。李问和王庭坚给这桥取名为"利往桥"，寓有利于往来之意，并将桥名表于桥两块的亭子上。由于桥长，吴江当地人就称之为"长桥"。桥心的地方比较宽阔，便在上面建了一个亭子，名曰"垂虹亭"，在亭里"登以四望，万景在目"。桥竣工后，还延请武进人吴中名士皇祐进士钱公辅写了《利往桥记》。

利往桥的建成，消除了南北通道上的一个险要渡口，从此士民称便。左江右湖，蜿蜒其间，仿佛长虹卧波，桥心又有垂虹亭可登高眺远，成为三吴胜景之一。

# 张先为垂虹桥添"一影"

宋代文学家陈师道在《后山诗话》中说道："张先善著词，有云'云破月来花弄影''帘压卷花影''堕轻絮无影'，世称诵之，号张三影。"张先生于宋淳化元年（990），卒于元丰元年（1078），字子野，乌程（今浙江湖州）人，天圣进士，历官吴江知县、都官郎中等。晚年退居乡间。其词大多描写诗酒生活和男女之情，对都会生活也有所反映。词风清婉，语言工巧。也能诗。存有《张子野词》。

据清乾隆《吴江县志》卷之十九《职官二》记载，宋仁宗赵祯康定元年（1040），张先来知吴江。作为吴江的父母官，张先与吴江情有独钟。宋代熙宁（1068—

张先像

1077）年间，大文豪苏东坡从杭州去山东高密。他特意乘船到浙江湖州，去向已经告老回乡的老友张先辞别。张先因当过吴江知县，对吴江非常熟悉，见到苏轼极为高兴，立邀湖州几个老朋友，陪同苏轼一起坐船到吴江垂虹桥游览。张先、苏东坡、杨元素、陈令举、刘孝叔、李公择等一行六人至吴江，先一起舟游松江，夜半月出之时，置酒垂虹桥的垂虹亭上。皎洁的月色之下，诗人们对酒当歌，沉醉欲

清乾隆《吴江县志》载张先　　　　　　清乾隆《吴江县志》载张先《松江》诗

眠，朦胧恍惚之中，诗兴才情大发。当时，以填词闻名的张先已八十五岁高龄，兴致不输少年，当场作了一首《定风波令》：

> 西阁名臣奉诏行，南床吏部锦衣荣。中有瀛仙宾与主，相遇，平津选首更神清。
>
> 溪上玉楼同宴喜。欢醉，对堤杯叶惜秋英。见说贤人聚吴分，试问，也应旁有老人星。

当即获得一片喝彩之声。张先的《松江》诗也写得很精彩：

> 春后银鱼霜下鲈，远人曾到合思吴。
> 欲图江色不上笔，静觅鸟声深在芦。

落日未昏闻市散，青天都净见山孤。

桥南水涨虹垂影，清夜澄光合太湖。

　　诗题中的"松江"，即吴淞江，古称松江或吴江，亦名松陵江、笠泽江，发源于吴江松陵西侧东太湖，现在瓜泾口由西向东，穿过江南运河，在今上海市外白渡桥以东汇入黄浦江，与东江、娄江合称"太湖三江"。而在唐代以前，南起浪打穿（今吴江区菀坪社区），北至瓜泾口，都是吴淞江的上源。唐宋以后，进水口逐渐北移，便以垂虹桥所在的长桥河为要口。明清以后，进水口继续北移，移至了瓜泾口。

　　相传，张先《松江》诗中的第七句"桥南水涨虹垂影"成了垂虹桥桥名的由来（垂虹桥初名利往桥，取利于往来之意），有趣的是张先号"张三影"，他的这一诗句中也有个"影"字，可谓"张三影"为垂虹桥增添了"一影"，使其更加名声在外了。

# 梅尧臣与垂虹桥

梅尧臣（1002—1060），北宋诗人，字圣俞，宣州宣城（今安徽宣城）人。宣城古名宛陵，故世称梅尧臣为梅宛陵。少时应进士不第，历任州县官属，中年后赐进士出身，授国子监直讲，官至都官员外郎。梅尧臣论诗注重政治内容，对宋初以来的靡丽文风表示不满。在写作技巧上他重视细致深入，所作颇致力于反映社会矛盾和民生疾苦，风格力求平淡，盖欲以矫靡丽之习，对宋代诗风的转变影响很大，甚受陆游、刘克庄等人的推崇。有《宛陵先生文集》。

梅尧臣像

梅尧臣与吴江的交集甚多。他为吴江的特产针口鱼写了一篇《针口鱼赋》，以至清乾隆《吴江县志》"物产"篇在介绍针口鱼时专门提到他。他到过吴江后，吴江的景物给他的印象颇深，故回去后念念不忘，写了一首《忆吴江晚泊》诗，是为：

念昔西归时，晚泊吴江口。回堤溯清风，淡月生古柳。
夕鸟犹远归，渔舟独在后。当时谁与同，涕忆泉下妇。

在这首诗里，他运用细致入微、平淡深远的写作风格，将太湖之畔、吴淞江口那清风、淡月、夕鸟、渔舟等物体融合的美景描绘得出神入化。

对于吴江的第一名胜——垂虹桥，梅尧臣当然也是不惜笔墨的。宋嘉祐六年（1061），裴煜（字如晦，临川〈今江西抚州〉人。宋仁宗庆历六年〈1046〉进士）来吴江担任知县，梅尧臣与欧阳修、苏洵、王安石等人设宴相送，并咏诗送给裴如晦。清康熙《吴江县志》上刊载了欧阳修的《送裴如晦之吴江》，清乾隆《吴江县志》则刊载了梅尧臣与王安石的《送裴如晦宰吴江》同题之诗，梅诗为：

清乾隆《吴江县志》载梅尧臣《送裴如晦宰吴江》

吴江田有粳，粳香春作雪。

吴江下有鲈，鲈肥脍堪切。

炊粳调橙齑，饱食不为饕。

月从洞庭来，光映寒湖凸。

长桥坐虹背，衣湿霜未结。

四顾无纤云，鱼跃明镜裂。

谁能与子同，去若秋鹰挈。

诗中描述了吴江的特产粳米、鲈鱼，绘制了一幅由太湖、长桥（垂虹桥）等组成的美景图。

# 欧阳修赞评吟咏垂虹诗

欧阳修（1007—1072），北宋文学家、史学家，字永叔，号醉翁、六一居士，吉州吉水（今属江西）人。天圣进士。官馆阁校勘，因直言论事贬知夷陵。庆历中，任谏官，支持范仲淹，要求在政治上有所改良，被诬贬知滁州。官至翰林学士、枢密副使、参知政事。谥文忠。他主张文章应"明道""致用"，对宋初以来靡丽、险怪的文风表示不满，并积极培养后进，是北宋古文运动的领袖。散文说理畅达，抒情委婉，为"唐宋八大家"之一。诗颇受李白、韩愈影响，重气势而能流畅自然。其词婉丽，承袭南唐余风。曾与宋祁合修《新唐书》，并独撰《新五代史》。有《欧阳文忠公文集》。

欧阳修与吴江有着颇多交集。谢涛，是吴江七都人，为北宋淳化进士，官拜秘书监，又迁太子宾客，卒后追封为礼部尚书。谢涛逝世后，欧阳修为其作《太子宾客分事西京谢公墓志铭》，对谢涛极尽赞誉。

清康熙《吴江县志》载欧阳修《送裴如晦之吴江》

以前，震泽八景中有一景名曰"康庄别墅"，由震泽籍扬州太守吴秀于明万历（1573—1620）年间所筑，内有石刻"平山"两个大字，系欧阳修所书，本在扬州平山堂，吴秀去官时摹勒带回震泽。

据清乾隆《吴江县志》卷之十九《职官二》记载，宋嘉祐六年（1061），裴如晦来吴江任知县。裴如晦即裴煜，字如晦，他动身来吴江时，欧阳修和苏洵、王安石、梅尧臣等人设酒宴相送，席间多人咏诗送裴如晦宰吴江。欧阳修吟了一首五言古风《送裴如晦之吴江》，诗为：

> 鸡鸣车马驰，夜半声未已。遑遑走声利，与子争寸晷。
>
> 而我独何为，闲宴奉君子。京师十二门，四方来万里。
>
> 顾吾坐中人，暂聚浮云尔。念子一扁舟，片帆如鸟起。
>
> 文章富千箱，吏禄求斗米。白玉有时沽，青衫岂须耻。
>
> 人生不足忧，合散乃常理。唯应当欢时，饮酒如饮水。

欧阳修虽未有直接写垂虹桥的诗，但他对别人写垂虹桥的诗句却有评价之辞。南宋文学家胡仔在《苕溪渔隐丛话》云，苕溪渔隐曰："吴江长桥诗世称三联，子美云：'云头滟滟开金饼，水面沉沉卧彩虹。'杨次公云：'八十丈虹晴卧影，一千顷玉碧无瑕。'郑毅夫云：'插天题蝃蛛玉腰阔，跨海鲸鲵金背高。'永叔谓子美此句雄伟，余谓次公、毅夫两联粗豪，较以子美之句，二公殊少蕴藉也。"

文中的"子美"，指北宋诗人苏舜钦，字子美，他作有《中秋松江新桥对月和柳令之作》，诗题中的"新桥"即是垂虹桥（当时新修），"云头滟滟开金饼，水面沉沉卧彩虹"为该诗中的颔联；"杨次公"，指北宋诗人杨杰；"郑毅夫"，指北宋诗人郑獬。而文中的"永叔"即指欧阳修，字永叔。

另外，明成化八年（1472），吴江知县王迪主持重修垂虹桥竣工之际，致函时任湖广右参议的梅伦（吴江人，正统进士），请其撰写《重修长桥记》。梅伦在文快结束时引用了欧阳修在《偃虹堤记》一文中之语："作者未始不欲其久存，而继者常至于殆废。"意谓建造者开始并非不想让它长久完好保存，可是继承者倒常常把它废弃。这对于垂虹桥来说，可谓有点意思。

# 苏舜钦与垂虹桥

苏舜钦像

苏舜钦（1008—1048），北宋诗人，字子美，梓州铜山（今四川中江东南）人，迁居开封。景祐进士，曾任大理评事，后退居苏州沧浪亭。工散文，诗与梅尧臣齐名，风格豪健，甚为欧阳修所重，又工书法。有《苏学士文集》。

苏舜钦与垂虹桥的因缘颇深。《诗话类编》云，吴江长桥（即垂虹桥）诗，世称三联，第一联为苏舜钦之句"云头艳艳开金饼，水面沉沉卧彩虹"，出自他的《中秋松江新桥对月和柳令之作》，全诗为：

月晃长江上下同，画桥横截冷光中。
云头滟滟开金饼，水面沉沉卧彩虹。
佛氏解为银色界，仙家多住玉华宫。
地雄景胜言不尽，但欲追随乘晓风。

诗题中的"松江"，即吴淞江；"新桥"，指于庆历八年（1048）落成的垂虹桥，离苏舜钦前来时间颇短（下一年即 1049 年，苏舜钦便故世了），故曰"新桥"；诗中的"长江"，指吴淞江；《诗话类编》中所说的"云头滟滟开金饼，水面沉沉卧彩虹"

是该诗的颔联。

至于该诗的颈联，隔了六百多年后，清代康熙皇帝还在提及。康熙帝为承德避暑山庄一景"长虹饮练"题了诗，是为：

长虹清径罗层崖，岸柳溪声月照阶。

淑景千林晴日出，禽鸣处处八音谐。

诗前有序："湖水澄碧，一桥卧波。桥南种敖汉荷花万枝，间以内地白莲。锦错霞变，清芬袭人。苏舜钦垂虹桥诗，谓如玉宫银界……""玉宫银界"，即指"佛氏解为银色界，仙家多住玉华宫"这一联句。

苏舜钦写垂虹桥的诗还有一首七律，是为《松江长桥未明观渔》：

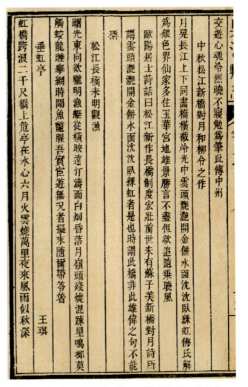

清乾隆《吴江县志》载苏舜钦诗　　清乾隆《吴江县志》载苏舜钦《和柳令之作》

曙光东向欲胧明，渔艇纵横映远汀。

涛面白烟昏落月，岭头残烧混疏星。

鸣榔莫触蛟龙睡，举网时闻鱼鳖腥。

吾实宦游无况者，拟来随尔带筌箵。

诗中的"鸣榔"，是一种捕鱼方法，即以长木叩舷为声，惊鱼入网；"筌箵"，渔具的总称，亦指贮鱼的竹笼。这首诗奔放豪健，气象开阔，尾联"吾实宦游无况者，拟来随尔带筌箵"表达了苏舜钦希望归隐在松江边长桥畔，尽情享受大自然美景的情感。

苏舜钦的这首诗，隔了近千年后，不管是一般的诗歌爱好者，还是在社会上颇有影响的人物读之都是颇有感触的，特别是对于垂虹桥所在的吴江人而言。2003年4月的一天，吴江籍著名社会学家费孝通受时任吴江市长马明龙先生之邀，与女儿费宗蕙、女婿张荣华及老友原吴江人大常委会主任于孟达一起去吴江中学，视察吴江文庙大成殿和崇圣祠两侧的《历代名人咏吴江》和《孔子论语集句》两条碑廊。当费老看到宋代苏舜钦《松江长桥未明观渔》和米芾《吴江垂虹亭作》这两块碑刻时，尤其触景生情，希望修复垂虹桥的愿望愈显强烈。当时他对身边的费师夷说道："政府和政协在吴江中学建起了两条文化碑廊，这对宣扬孔子思想，弘扬吴江文化很有意义。要是把垂虹桥也恢复起来，与文庙、碑廊融为一体，那该多好！"

# 裴如晦与垂虹桥

　　裴如晦，即裴煜，字如晦，临川（今江西抚州）人。宋仁宗庆历六年（1046）进士。据清乾隆《吴江县志》卷之十九《职官二》记载，嘉祐六年（1061），裴如晦知吴江。嘉祐七年，为太常博士、秘阁校理。治平元年（1064）知扬州，治平二年知苏州，官至翰林学士。

　　裴如晦来知吴江时，欧阳修、苏洵、王安石、梅尧臣等酒宴相送，席间多人咏诗送裴如晦宰吴江。清康熙《吴江县志》上载欧阳修的《送裴如晦之吴江》，清乾隆《吴江县志》则载王安石的《送裴如晦宰吴江》和梅尧臣的同题之诗。

　　欧阳修的《送裴如晦之吴江》，为五言古风（见本书《欧阳修赞评吟咏垂虹诗》一文）。

　　王安石的《送裴如晦宰吴江》也为五言古风，全诗为：

> 震泽与天杳，旁临无限情。他时散发处，最爱垂虹亭。
> 飘然平生游，舍我戴吴星。欲往独不得，都门看扬舲。
> 到县问疾苦，为子求所经。当知耕牧地，往往茭蒲青。
> 三江断其二，泽水何由宁。微子好古者，此歌尚谁听。

　　梅尧臣的《送裴如晦宰吴江》同样为五言古风（见本书《梅尧臣与垂虹桥》一文）。

　　裴如晦本人也为垂虹桥桥心之亭——垂虹亭赋诗七律一首，明弘治《吴江志》

清乾隆《吴江县志》载裴煜任吴江知县

清乾隆《吴江县志》载裴煜诗

和清康熙《吴江县志续编》上均载此诗：

> 百尺桥心一解颜，尘埃无迹鉴回环。
>
> 青天半落西山外，白水前铺远树间。
>
> 帘卷夕阳鸦阵乱，槛凭秋色棹歌还。
>
> 衰迟病尹偏惆怅，不得三年向此闲。

首句即表达了诗人对垂虹桥的爱怜之情，说他一看到桥心之亭垂虹亭就开心而笑了；颔联和颈联描绘了在垂虹亭所见的太湖山峰、吴淞江水等景物和所闻的棹歌等；尾联则表达了诗人的些许遗憾，没有三年时间在此享受闲情逸趣。据载，裴煜任吴江知县的第二年即迁太常博士、秘阁校理，三年后则知扬州了。

# 杨杰与垂虹桥

杨杰（约1019—1088），字次公，自号无为子，北宋无为（今属安徽）人，少有名于时，嘉祐四年（1059）举进士。元祐中，为礼部员外郎，出知润州（今江苏镇江），除两浙提点刑狱。与苏轼同时，《东坡集》有杨杰诗序。享年七十岁。有《无为集》等。

杨杰曾在润州为官，后任两浙提点刑狱，时两浙为路，辖今江苏南部和浙江全省，杨杰约在此任期中到过吴江垂虹桥，写下了《舟泊长桥》一诗：

> 区区朝市逐纷华，不信湖心有海槎。
> 八十丈虹晴卧影，一千顷玉碧无瑕。
> 古今风月归诗客，多少莼鲈属酒家。
> 安得扁舟如范蠡，烟波深处卜生涯。

诗中的"纷华"为繁华、富丽之意；"海槎"，指用竹木编制的渡海之筏；"范蠡"，楚国宛地人，曾为越国大夫，为勾践灭吴称霸作出重大贡献，深悟勾践"可与共患难而不可共处乐，可与履危不可与安"，于是，悄然乘扁舟，出三江，入五湖，云游四方，在吴江各地留下足迹，平望的莺脰湖相传为范蠡所游五湖之一，震泽镇有蠡泽湖和思范桥，其"蠡"和"范"均指范蠡。以前，垂虹桥畔有三高祠，祭祀范蠡、张翰和陆龟蒙。

该诗的颔联流传颇广，南宋文学家胡仔在《苕溪渔隐丛话》一书中提到吴江垂

清乾隆《吴江县志》载杨杰《舟泊长桥》诗

民国《重修垂虹桥徵信录》载垂虹桥对联

虹桥三名联，其中第二联"八十丈虹晴卧影，一千顷玉碧无瑕"，即是杨杰上面《舟泊长桥》诗中的颔联。

杨杰的诗句在隔了八百多年后，还在垂虹桥上派上了实际的用场。民国四年（1915）垂虹桥重修，这次修桥工程，按照"淤者去，塞者通，圮者治，循其故迹，勿伤民居"的原则进行。当时由于桥的东西两块均有一些桥孔被埋入土中，地面仅见四十四孔。施工时，拆卸清理二十五孔，其中西大孔东移二丈八尺，南向镌刻了"中华民国四年六月"和"官绅商富阖邑善姓捐资重修"字样，北向则镌刻了一副对联，是为："八十丈虹晴卧影，万千年浪直冲湖"。上联即是杨杰诗颔联的上句，下联为明代诗人杜庠的《垂虹桥》诗颔联的下句，全诗为：

天垂蝌蚪跨三吴，桥上分明见画图。
七十二湾平作路，万千年浪直冲湖。
石阑干外青山小，芦苇丛边钓艇孤。
老我昔年题柱手，举杯今日醉莼鲈。

两位诗人虽相隔数百年，但他们的诗句经后人"匹配"，倒也浑然一体。

# 王安石诗赞垂虹桥

王安石（1021—1086），北宋政治家、文学家、思想家，字介甫，号半山，临川（今江西抚州）人，庆历进士，初知鄞县，修堤筑堰，兴修水利，贷谷与民，出息还官，有治绩。仁宗嘉祐三年（1058）上万言书，主张变法，未被采纳。神宗即位，召为翰林学士兼侍讲，上《本朝百年无事札子》，陈述北宋开国至今各项制度弊端，阐明必须改革，与神宗意合。熙宁二年（1069）为参知政事，次年拜相，推行新法。由于保守派强烈反对，新政推行迭遭阻碍。熙宁七年（1074）罢相，

王安石像

次年再相，九年再罢，退居江宁（今江苏南京），封荆国公，世称荆公。卒谥文。其散文雄健峭拔，为"唐宋八大家"之一。诗歌遒劲清新。词虽不多而风格高峻。文集今有《王文公集》《临川先生集》两种，后人辑有《周官新义》《诗义钩沉》等。

浏览吴江历代方志，王安石写吴江的诗颇多。他在《过吴江》中吟道：

莽莽昔登临，秋风一散襟。地留孤屿小，天入五湖深。

柑橘无千里，鱼虾有万金。吾虽轻范蠡，终欲此幽寻。

清乾隆《吴江县志》载王安石《松江亭次益柔韵》二首

清康熙《吴江县志》载王安石《长桥》诗

在《松江》中咏道：

来时还似去时天，欲道来时已惘然。
只有松江桥下水，无情还送去时船。

至于他写垂虹桥和垂虹亭的诗则更多。裴如晦来宰吴江时，他写了《送裴如晦宰吴江》（见前《裴如晦与垂虹桥》一文），表达了对垂虹桥美景的向往之情，但"欲我独不得"，不能陪裴如晦前去吴江，只能目送他乘船离京"都门看扬舲"。"他年散发处，最爱垂虹亭"，则进一步抒发了他对垂虹桥的倾慕之情。

据南宋龚颐正《芥隐笔记》记载，在送裴如晦宰吴江的酒席上，王安石与欧阳修同座，出席的还有苏舜钦、梅尧臣、王安国（王安石之弟）、苏洵、姚子张、焦伯强等六人，以"黯然消魂唯别而已"分韵作诗，苏洵得"而"字押韵作诗，王安石又作两首押"而"字的诗。遗憾的是苏洵之诗没能留传下来，据龚颐正《芥隐笔记》记载，唯存有"谈诗究乎而"这么一句，与唐代崔信明为吴江留有孤句"枫落吴江冷"堪为如出一辙。好在王安石的"而"字诗留传下来了，清乾隆《吴江县志》刊载了《送裴如晦即席分题三首》，其中两首即是押"而"韵，中有"采鲸抗波涛，风作鳞之而"和"傲兀何宾客，两忘我与而"

之句，后人评曰"最为工"。随之，"春风垂虹亭，一杯湖上持""行不顾斗米，自与五湖期""还当捕鲈鱼，载酒与我期"等深情吟咏垂虹亭、太湖、吴江鲈鱼的诗句也传了下来。

龙图阁直学士、秘书监王益柔作了《松江亭》二首，王安石遂和《松江亭次益柔韵》二首，其一为：

> 宛宛虹霓堕半空，银河直与此相通。
> 五更缥缈千山月，万里凄凉一笛风。
> 鸥鹭稍回青霭外，汀洲时起绿芜中。
> 骚人自欲留佳句，忽忆君诗思已穷。

把垂虹桥的壮美景色比作"宛宛虹霓堕半空，银河直与此相通"的人间仙境。

王安石吟咏垂虹桥的诗最为有名的，当数《长桥》，全诗为：

> 三江五湖口，地与天不隔。日月所蔽亏，东西渺然白。
> 漫漫浸北斗，浩浩浮南极。谁投此虹霓？欲济两间陌。
> 中流杂蜃气，阑楯相承翼。初疑神所为，灭没在顷刻。
> 晨兴坐其上，傲兀至中昃。犹怜造化功，不谓因人力。
> 令君持酒浆，谈笑顾宾客。颇夸九州物，壮丽此无敌。
> 荧煌丹砂柱，璀璨黄金壁。中家不虑始，助我皆豪殖。
> 喟余独感此，剥烂有终极。改作不可无，还当采民力。

诗中把垂虹桥的地理位置、建筑特色和南北交通的重要作用写得清清楚楚。说自己"晨兴坐其上，傲兀至中昃""令君持酒浆，谈笑顾宾客"，在垂虹桥上从早晨坐到中午，并与宾客聚饮。"颇夸九州物，壮丽此无敌"，这两句则对垂虹桥作了极高的评价。

# 吴充遥想长桥正绿波

墓域

晋东曹掾张翰墓役字半屈志在二十九都南

陈黄门侍郎顾野王墓农人耕石获存明高啓诗南离旧碑野王坟周村近有巨石横

宋刘丞相墓在将同六都知枢密院西傅为刘事即珙孝宗顺治十八年乡人潘一座牛已

枢密使吴充墓在陶河得石碑一具墓志石

减及惟碑枢密别见杂志

石犹存石明高啓诗蘇道应与遗碑总秋草

元游擎杨将军墓土为田得之石道上镌杨宋末元游擎杨公之纷相傅州之将名

无考田得之石道上镌杨元初世公巳之墓傅州之将名

清康熙《吴江县志续编》载吴充墓

吴充（1021—1080），字冲卿，建州浦城（今属福建）人，宋景祐五年（1038）进士，历任翰林学士、枢密副使、枢密使，曾代为同中书门下平章事、监修国史，与王珪并相，卒年六十岁，赠司空兼侍中，谥正宪。工诗文，《全宋诗》录其诗八首，与韩绛同编有《枢密院时政记》十五卷，《全宋文》收其文二卷。

据吴江方志和清代钮琇《觚剩》记载，吴充墓在吴江青云陶墩古村。陶墩亦名桃墩、桃溪，清康熙时，这里"村民数百家，自成井市"。陶墩村名的由来，相传吴越春秋时，越国大夫范蠡帮助越王勾践灭吴后，深知只能与其共患难，而不能共享富贵，遂偕西施驾舟浪迹五湖。他俩在南太湖边的一个小村庄上住了下来。小村中有一水，水中有墩，他俩在水旁墩上遍植桃树，并向村民传授栽桑、看蚕、养鱼之术。几年后，范蠡与西施离开这里又往别处去了。村里人很是想念他们，后来，闻知范蠡在齐国经商致富，改名陶朱公，于是就将村子唤作"陶墩"，又因水旁种满了桃树，也称"桃溪""桃墩"。

关于吴充墓，清康熙《吴江县志续编》如此记载："枢密使吴充墓，在陶墩，大清顺治十八年，乡人浚河，得石碑一具，墓志石一座，半已灭殁，唯碑额题吴枢密使。见《杂志》。"《杂志》大致说，桃墩旧有宋大臣吴充墓，吴充之后人贫乏不能自存，遂鬻其墓地给顾姓里人，顾遣人平其封土，发现石椁，其墓志"则贾平章笔也，贾与吴不同时，盖吴之后人乞贾为铭者"。"贾平章"似指南宋晚期权相贾似道。

吴充的墓在吴江，吴充的诗不仅写吴江，而且写垂虹桥，是为《送张君宰吴江》：

全吴风景好，之子去弦歌。夜犬惊胥少，秋鲈饷客多。

县楼疑海蜃，衙鼓答江鼍。遥想晨凫下，长桥正绿波。

诗题中的"张君"，指北宋大臣、文学家张耒之父，曾任三司检法官，"以亲老求知吴江县"，赴任之际，不少有名气的官多作诗送行，如庆历六年（1046）进士、开封试官主判王介即赠诗曰："乍被轩绶宠，新辞计省繁。三江吴故国，百里汉郎官。烟水莼芽紫，霜天橘颗丹。优游民政外，风月即清欢。"

吴充诗中的"之子"，此人、这人之意；"胥"，指胥吏；"饷"，用酒食款待；"海蜃"，海市蜃楼的缩语；"江鼍"，即扬子鳄；"凫"，野鸭。吴充这首诗，对吴江景物赞美之至，并抓住了吴江的两个特色，一个是"秋鲈"，从西晋张翰作《秋风歌》起，历代文人对吴江的秋鲈推崇备至；一个是吴江的第一名胜垂虹桥。吴充在世时，垂虹桥虽建成没多少年，而北宋的文人们已喜爱有加，由衷地为其写下了许多诗篇。此诗艺术水平颇高，张耒在《明道杂志》中赞其"平易条畅，推为诸送行诗之工者"。

# 郑獬与垂虹桥

清乾隆《吴江县志》载郑獬《新桥》诗

郑獬（1022—1072），字毅夫，号云谷，江西宁都人，其祖父前往安州安陆（今属湖北）经商，遂寄居于此。少负隽才，词章豪伟，宋仁宗皇祐五年（1053）状元及第，神宗时为翰林学士。著有《郧溪集》《宋史艺文志》。

郑獬写垂虹桥的诗虽然只有一首，但影响颇广，诗为《新桥》：

三百阑干锁画桥，行人波上踏灵鳌。
插天蝃蝀玉腰阔，跨海鲸鲵金背高。
路直凿开元气白，影寒压破大江豪。
此中自与银河接，不必仙槎八月涛。

诗题中的"新桥"，指垂虹桥，因郑獬写此诗时，垂虹桥刚修成。

郑獬曾在杭州任知府，后来移职青州，经过吴江垂虹桥，感受到该桥的气势，遂写下了这首诗寄给朋友，故此诗又名《题垂虹桥寄同年叔枨秘校》。

诗中的"灵鳌"，为神话传说中的巨龟，以此喻桥；"蝃蝀"，为虹的别名，借指桥；"鲸鲵"，即鲸，雄曰鲸，雌曰鲵，也喻桥；"仙槎"，神话中来往于海上和天河之间的竹木筏。

首联中的"三百阑干"，为约数，垂虹桥于宋庆历八年（1048）建成，其时为木结构，桥孔最多时有九十九孔，其阑干（栏杆）当然颇多。关于颔联，南宋文学家胡仔在《苕溪渔隐丛话》一书中写到了吴江垂虹桥三名联，其第三联即是郑獬《新桥》诗中的颔联："插天蝃蝀玉腰阔，跨海鲸鲵金背高"。

颈联中的"元气"，似指天地未分前的混沌之气；"大江"，指垂虹桥下流淌的吴淞江，古称吴江、松江等。尾联说垂虹桥下之水与天上的银河相接，去之不必借助八月大涛而划筏子，想象颇为丰富，甚具浪漫色彩。

# 苏轼与友相聚垂虹桥

　　北宋大文豪苏轼曾多次与友朋相聚在垂虹桥上。从苏轼所著的《东坡志林》上悉知，熙宁七年（1074），苏东坡从杭州去山东高密，与杨元素同舟，路过吴江，与张先、陈令举、刘孝叔、李公择等人共游吴淞江，夜半月出之时，置酒垂虹桥桥心的垂虹亭里。皎洁的月色之下，苏轼与友人们对酒当歌，沉醉欲眠，朦胧恍惚之中，诗兴才情大发。当时，以填词闻名的张先已八十五岁高龄，但兴致不输少年，当场作了一首《定风波令》，获得一片喝彩之声。

　　七年之后，即元丰四年（1081），苏东坡在湖北黄州为官，时张先、陈令举、刘孝叔都已作古，而吴江的垂虹桥亭，苏轼得悉在那年夏天因"海风驾潮，平地丈余"，而"荡尽无复孑遗"。苏轼夜坐在黄州的临皋亭里，"追思曩时"，真觉是一梦耳。

　　又如一次，苏轼与秦观、释道潜相会于吴淞江畔，正巧关彦长、徐安中也到吴江，聚宴于垂虹亭，饮酒畅谈后分韵作诗。对此，吴江方志上虽未有文字记载，但刊载了苏轼、秦观、释道潜等人的诗作。

　　苏轼分得"风"韵，写下了七律《秦太虚、参寥会于松江，而关彦长、徐安中适至，分韵得风字二首》，其一为：

　　　　　　吴越溪山兴未穷，又扶衰病过垂虹。
　　　　　　浮天自古东南水，送客今朝西北风。
　　　　　　绝境自忘千里远，胜游难复五人同。
　　　　　　舟师不会留连意，拟看斜阳万顷红。

其二为：

二子缘诗老更穷，人间无处吐长虹。
平生睡足连江雨，尽日舟横擘岸风。
人笑年来三黜惯，天教我辈一尊同。
知君欲写长相忆，更送银盘尾鬣红。

诗题中的"秦太虚"，即是秦观，字少游，一字太虚，号淮海居士，别号邗沟居士，高邮（今属江苏）人，是苏门四学士之一，有《淮海集》《淮海居士长短句》；"参寥"，指诗僧道潜，本姓何，字参寥，赐号妙总大师，於潜（今浙江省杭州市临安区）人，自幼出家，与苏轼诸人交好，苏轼谪居黄州时，他曾专程前去探望，元祐中，住杭州智果禅院，因写诗语涉讥刺，被勒令还俗，后得平反，复削发为僧，著有《参寥子诗集》；"关彦长"指关景仁，字子开，一字彦长，钱塘（今浙江杭州）人，一说越州（今浙江绍兴）人，仁宗嘉祐四年（1059）进士，多能，尤长于诗；徐安中，当时诗人，与苏轼交往，苏轼有《与徐安中》书，中有句云"宛丘春物颇盛，牡丹不减洛阳"，赞美陈州的牡丹。

诗中的"三黜"，指苏轼曾被三次罢官。从诗中不难看出苏轼感叹自己官场失意和身体欠佳的境况。

秦观分得浪字，作了《与子瞻松江得

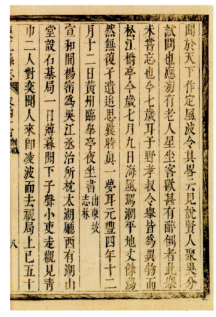

清康熙《吴江县志》转刊《东坡志林》节录

清乾隆《吴江县志》载苏轼分得"风"韵诗

浪字》（见本书《秦观踏"浪"咏垂虹》一文）。诗题中的"子瞻"，是苏轼的字；诗中的"太史"，也指苏轼，因苏轼曾任直史馆的官职，故世人尊称苏轼为苏太史。秦观的诗，将吴淞江、垂虹桥和太湖的壮丽景色跃然纸上。

释道潜分得岸字，作了《与子瞻松江得岸字》（见本书《道潜系"岸"咏垂虹》一文），释道潜在诗中称垂虹桥为"吴会杰观"；诗中的"震泽"，即吴淞江的源头太湖，释道潜将之胜景描绘得出神入化。

## 附：杨元素等人简介

杨元素，即杨绘，字元素，北宋官员。少年聪慧，名闻西州。仁宗时，举进士，任荆南通判、开封推官等。神宗即位后，召修《起居注》。因触犯曾公亮，改兼侍读，辞去。后累官翰林学士，任御史中丞，触犯王安石，被贬为亳州知州。元祐元年（1086）以天章阁待制身份任杭州知州。著有文集八十卷。

陈令举，即陈舜俞（1026—1076），字令举，号白牛居士，北宋诗人，与欧阳修、苏东坡、司马光等交往甚密。秀州（今浙江嘉兴）人。庆历六年（1046）登乙科进士，嘉祐四年（1059）获制科第一。在山阴县任知县时反对王安石青苗法遭贬，隐居白牛村著书立说，病逝于白牛村家中。著有《都官集》《应制策论》《庐山纪略》，参与《资治通鉴》编纂。

李公择，即李常（1027—1090），字公择，南康建昌（今江西永修）人。皇祐（1049—1054）年间举进士。熙宁初，为私阁校理，王安石与之友好，改右正言，知谏院。因反对王安石的新法被贬为滑州通判。岁余复职，知鄂州，徙湖州。

刘孝叔，即刘述，字孝叔，浙江湖州人。举进士，为御史台主簿，知温、耀、真三州，提点江西刑狱，累官都官员外郎。

# 苏辙步兄后尘咏垂虹

北宋大文豪苏轼对吴江情有独钟,与朋友在垂虹桥相聚多次,如在熙宁七年(1074),苏轼从杭州去山东高密,与杨元素同舟,路过吴江,与张先、陈令举、刘孝叔、李公择等人共游吴淞江,置酒垂虹桥桥心的垂虹亭。另一次,苏轼与秦观、释道潜相会于吴淞江畔,正巧关彦长、徐安中也到吴江,聚宴于垂虹亭,饮酒畅谈后分韵作诗。

苏轼之弟苏辙对吴江也是蛮有情缘的。先来了解下苏辙的生平。苏辙生于 1039 年,卒于 1112 年,字子由,号颍滨遗老,眉州眉山(今属四川)人,"唐宋八大家"之一,与父苏洵、兄

苏辙像

苏轼合称"三苏"。嘉祐进士,初授试秘书省校书郎,历官御史中丞、尚书右丞等,后遭数贬,以太中大夫致仕。去世后,追复端明殿学士、宣奉大夫。后累赠太师、魏国公,追谥"文定"。其诗力图追步苏轼,风格淳朴无华。亦善书。著有《栾城集》等行于世。

苏辙的诗力图追步苏轼,在其为吴江写诗上好像也是亦步亦趋的。吴江有一位寓贤,名叫李无晦,字行中,从浙江雪川迁徙至吴江居住,"高尚不仕,放意诗酒",《中吴纪闻》中说他"诗意尚深远",晚年醉心于园亭,在松江(今吴淞江)畔建

清乾隆《吴江县志》载苏辙诗

一亭，名醉眠亭。苏轼为这醉眠亭写了三首七绝，是为：

> 已向闲中作地仙，更于酒里得天全。
> 从教世路风波恶，贺监偏工水上眠。

> 君且归休吾欲眠，人言此语出天然。
> 醉中对客眠何害，须信陶潜未若贤。

> 孝先风味也堪怜，肯为周公昼日眠。
> 枕曲先生犹笑汝，枉将空腹贮遗编。

苏辙也不示弱，写了一首题为《寄题醉眠亭》的七律：

> 是非一醉了无余，唯有胸中万卷书。
> 已把人生比蘧传，更将江浦作阶除。
> 欲眠宾客从教去，倒卧氍毹岂服舒。
> 京洛旧游真梦里，秋风无复忆鲈鱼。

诗中的"蘧传"指驿车和驿站所设供行人休息的房舍；"阶除"，即台阶；"氍毹"，毛织的布或地毯，旧时演戏时多用来铺在地上，故常借指舞台。诗的最后，写到了西晋时吴江的张翰，人在洛阳，但思念家乡的鲈鱼，遂弃官归乡。

写垂虹桥的诗，据明清吴江方志载，苏轼有《秦太虚、参寥会于松江，而关彦长、徐安中适至，分韵得风字二首》，均为七律。苏辙也写有一首七律，诗题即为垂虹桥的别名《长桥》（一名《新桥》，因苏辙写垂虹桥时，此桥落成不久），是为：

> 六月长桥断不收，朱阑初喜映春流。

虹腰宛转三百尺，鲸背参差十五舟。

入市樵苏看络绎，归家盐酪免迟留。

病夫最与民同喜，卯酒匆匆无复忧。

    诗中的"樵苏"，本指砍柴刈草之人，也指柴草，引申指日常生计；"卯酒"，早晨喝的酒。诗中将垂虹桥比喻为"虹腰"，将"鲸背"比喻为垂虹桥桥下之水（松江），可见苏辙对垂虹桥的爱怜之情。

# 朱长文与垂虹桥

朱长文像

朱长文（1041—1100），字伯原，江苏吴县（今属苏州）人，北宋学者，因筑室苏州城西原吴越王钱氏金谷园旧址，由苏州知州章岵表其室曰"乐圃"，遂号"乐圃先生"。朱长文少时勤奋好学，读书竟夕，十九岁擢举进士。一生著述甚多，"有文三百卷，六经皆多辨说"。道德、文章深为当时学者所仰慕，"士大夫过者以不到乐圃为耻，名闻京师，公卿荐以自代者众"。他还是一位藏书家，《苏州府志》称其"藏书二万卷"。所撰《吴郡图经续记》为较早的苏州地方志，至今尚在流传并运用。另有《琴台记》《乐圃集》《乐圃余稿》等。

浏览吴江方志，有朱长文名字的地方有好几十处，不是引用他的著述，就是刊载他写的文章或诗歌。他题为《秋月乘兴游松江至垂虹亭登长桥夜泊南岸旦游宁境院因成十绝呈君勉且寄子通》的诗就有十首（诗题中的"宁境院"，在垂虹桥东，南宋绍兴五年［1135］，与相邻的华严院合并为宁境华严讲寺），清乾隆《吴江县志》刊载其中的四首，分别为：

前哲临流猛拂衣，身违忧忠是先机。
非才自合居闲旷，不泛五湖何处归。

两山映日磨碧玉，万顷涵虚皱碧罗。
不会乐天犹近俗，谩将弦管杂烟波。

长虹稳卧碧江心，梦寐频游觉莫寻。
欢友相逢清绝处，酣歌一曲抵千金。

银潢倒泻入沧溟，身近鱼龙夜不惊。
鸣橹空飞孤雁过，渔灯照浦一星明。

清乾隆《吴江县志》载朱长文诗

第一首中的"五湖"，指离垂虹桥西
侧不远处的太湖；第二首中的"两山"，
指太湖洞庭东西山；"涵虚"，指水映天空；
第三首中的"长虹"，即指垂虹桥；第四
首中的"银潢"，指天河；"鸣橹"，摇橹之声，借指船行。

观览其他几首诗：

彩衣几度醉江滨，今日重来泪满巾。
唯有旧诗存屋壁，岂知投老负垂纶。

这一首写到了松江之滨。

江里鲈肥味不膻，江头酒美滑如泉。
长桥为席云为幕，只欠洪崖笑拍肩。

这一首，不单写了松江和松江里的美味鲈鱼，还写了长桥（垂虹桥）；"洪崖"，是传说中黄帝臣子伶伦的仙号。

> 僧舍萧疏竹苇间，开轩处处面云山。
> 诗家不及禅家乐，坐卧湖光百虑闲。

这一首写了诗题中所提到的"宁境院"。看来宋代时的宁境院"僧舍萧疏"，其规模还不怎么大，周边的竹子芦苇丛生，景色自然古朴。

> 人争轩冕安在哉，我爱烟霞归去来。
> 鲁望有灵还见笑，更回城郭恋尘埃。

诗中的"轩冕"，指官位爵禄；"烟霞"，泛指山水、山林；三四句提到了唐代诗人陆龟蒙，说他"有灵还见笑，更回城郭恋尘埃"。

# 道潜系"岸"咏垂虹

　　道潜（1043—1102），宋代诗僧，俗姓何，于潜（今浙江临安）人。初名昙潜，苏轼在杭州为官时，爱其诗，为他更名道潜，使其居住在智果寺，后号参寥子。苏轼南贬，道潜牵连得罪，责令还俗。建中靖国（1101）初，诏复削发出家为僧。崇宁（1102—1106）年间，赐号妙总大师。所作的《临平道中》诗颇为有名，有《参寥子诗集》。

　　据载，苏轼有一次来吴江垂虹桥时，与道潜、秦观相会于吴淞江畔，正巧关彦长、徐安中也到吴江，聚宴于垂虹亭，饮酒畅谈后分韵作诗。吴江方志刊载了苏轼、道潜、秦观等人的诗作。

清乾隆《吴江县志》载释道潜《与子瞻松江得岸字》诗

　　苏轼分得"风"韵，写下了七律《秦太虚、参寥会于松江，而关彦长、徐安中适至，分韵得风字二首》；秦观分得浪字，作了《与子瞻松江得浪字》。苏轼诗题中的"参寥"，即指道潜。在这次分韵作诗中，道潜分得"岸"字，作了《与子瞻松江得岸字》一诗，为：

蜿蜒夸长虹，吴会称杰观。

沦涟几万顷，放目失垠岸。

倒镜射遥山，青螺点空半。

从来夸震泽，胜事无昏旦。

破浪涌长鬐，排空度飞翰。

肺肝入清境，划若春冰泮。

安得凌九垓，从公游汗漫。

清乾隆《吴江县志》载道潜《垂虹桥》

道潜在诗中称垂虹桥为"吴会杰观"；诗中的"震泽"，即吴淞江的源头太湖，道潜将之胜景描绘得出神入化。

浏览清乾隆《吴江县志》，还可见到道潜所作题为《垂虹桥》的诗：

路隔银潢鸟倦飞，行人恐犯女星矶。

长虹出浪无冬夏，老蜃浮空半是非。

两岸履声云内合，三州云影日边归。

阑干独立秋风早，买得鲈鱼始拂衣。

诗中的"银潢"，指天河，即银河；"三州"，指环绕太湖的江苏苏州、常州和浙江湖州。这首诗颇具浪漫色彩，尤其是颈联，吴淞江"两岸"的"履声"在"云内"相"合"，太湖"三州"的"云影"在"日边""归"聚。道潜的诗确实写得好，难怪当年苏轼要爱其诗了。这首诗的最后，归结到了张翰的"思鲈"典故，秋风吹来了，在垂虹桥下买到了鲈鱼，好拂衣了。

# 秦观踏"浪"咏垂虹

秦观（1049—1100），北宋词人，字少游、太虚，号淮海居士，高邮（今属江苏）人。曾任秘书省正字，兼国史院编修官等职。因政治上倾向于旧党，被视为反对变法的元祐党人，宋哲宗赵煦绍圣后累遭贬谪。文辞为苏轼所赏识，是苏门四学士之一（另三学士为黄庭坚、晁补之和张耒）。工诗词，词多写男女情爱，也有感伤身世之作，风格委婉含蓄，清丽雅淡，诗风与词相近。有《淮海集》《淮海居士长短句》。

秦观像

据载，苏轼有一次来吴江垂虹桥时，即与秦观、释道潜相会于吴淞江畔，正巧关彦长、徐安中也到吴江，聚宴于垂虹亭，饮酒畅谈后分韵作诗。吴江方志刊载了苏轼、秦观、道潜等人的诗作。

苏轼分得"风"韵，写下了七律《秦太虚、参寥会于松江，而关彦长、徐安中适至，分韵得风字二首》，诗题中的"秦太虚"，即是秦观。在这次分韵作诗中，秦观分得浪字，作了《与子瞻松江得浪字》，全诗为：

松江浩无旁，垂虹跨其上。漫然衔洞庭，领略非一状。

悦如阵平野，万马攒穹帐。

离离云抹山，窅窅天粘浪。

烟中渔唱起，鸟外征帆飏。

愈知宇宙宽，陡觉东南壮。

太史主文盟，诸豪尽诗将。

超摇外形检，语笑共颉颃。

婵娟弃追逐，拨剌亦从放。

独留三百缸，聊用沃轩旷。

诗题中的"子瞻"，是苏轼的字；诗中的"太史"，也指苏轼，因苏轼曾任直史馆的官职，故世人尊称苏轼为苏太史。秦观的诗，将吴淞江、垂虹桥和太湖的壮丽景色跃然纸上。

清康熙《吴江县志》载秦观《与子瞻松江得浪字》诗

# 米芾《吴江垂虹亭作》帖

米芾（1051—1107），北宋书画家、诗人，初名黻，字元章，号襄阳漫士、海岳外史等，世居太原（今属山西），迁襄阳（今属湖北），后定居润州（今江苏镇江）。宋徽宗召为书画学博士，曾官礼部员外郎，人称米南宫，因举止"颠狂"，人称米颠。他能诗文，擅书画，也精鉴别。

在历代诗人吟咏吴江垂虹桥的数百首诗词中，米芾的《吴江垂虹亭作》是流传最广的作品之一，全诗为：

米芾像

　　断云一片洞庭帆，玉破鲈鱼霜破柑。
　　好作新诗继桑苎，垂虹秋色满东南。

后此诗制成了《吴江垂虹亭作》帖。此帖采自《蜀素帖》。《蜀素帖》是北宋书法家米芾于元祐三年（1088）在蜀素上书其所作各体诗八首，内容为当时的游记和送行之作。现收藏于台北故宫博物院。其艺术风格则以和谐变化为准则，天真自然为旨归，通体笔法跳荡精致，结体变化多端，笔势沉着痛快。《蜀素帖》被后人誉为"中华第一美帖"，是"中华十大传世名帖"之一，人称"天下第八行书"。《吴

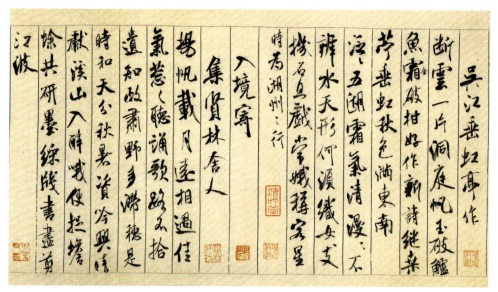

《蜀素帖》（局部）

江垂虹亭作》即是该帖八首诗之一。

　　当年吴江垂虹桥桥心之亭垂虹亭中的米芾《吴江垂虹亭作》诗碑，即按此帖镌刻。1967年5月垂虹桥坍塌后，残桥与垂虹亭均拆除，原碑下落不明。

　　另米芾在元祐三年（1088），即他三十八岁时，书有《跋头陀寺碑》帖，在其尾部有"五日，吴江舣舟垂虹亭题。襄阳米黻秘玩真迹"字样。

　　此外，元代书法家赵孟頫书有米芾诗帖，为美国纽约大都会博物馆所藏。

# 王希孟《千里江山图》中的长桥

　　北京故宫博物院藏有一幅名为《千里江山图》的绢本设色画，是我国十大传世名画之一，其作者是北宋的王希孟。

　　王希孟（1096—1119？），北宋宫廷画家，政和（1111—1118）年间为宫中"画学"生徒，初未甚工，当时宋徽宗赵佶是"画学"老师。后王希孟召入禁中文书库，曾奉事赵佶左右，赵佶慧眼独具，认为"其性可教"，于是亲授其法，经赵佶指点笔墨技法，画艺精进，其画遂超越矩度。政和三年四月，王希孟用了半年时间绘成名垂千古的鸿篇杰作《千里江山图》卷，时年仅十八岁。可惜的是，他没隔几年就英年早逝。

　　《千里江山图》以长卷形式，立足传统，画面细致入微，烟波浩渺的江河、层峦起伏的群山构成了一幅美妙的江南山水图，渔村野市、水榭亭台、茅庵草舍、水

《千里江山图》（局部）

磨长桥等静景穿插捕鱼、驶船、游玩、赶集等动景，动静结合，恰到好处。

画卷中有一个醒目的公共设施，是前半段中的长桥，宛如一道彩虹，颇为壮观。长桥横跨开阔的江面，为一座巨大的木构梁柱式亭桥，桥身以三根柱子并列上架横梁为一组构架，全桥三十三组构架，共三十二孔。每孔架木梁，铺木板，连成桥面，两侧加木栏杆。桥面自两岸华表处向中央逐渐升高，形成一条优美的曲线。桥的中间有重檐攒尖顶的十字形亭子，结构奇特，舟船可从增高的桥中部通过。廊阁下层接近水面，可作码头。亭为二层，有楼梯相通。二层楼阁除用作桥的通道外，还是商家设肆之所，摆着桌椅，以供行人休憩观景。

据中国工程院院士、建筑历史学家傅熹年先生所撰的《王希孟〈千里江山图〉中的北宋建筑》一文考证，画中的长桥极可能参考了苏州吴江利往桥（即垂虹桥）的形象。傅先生在文中写道："这种巨大规模的长桥在宋代文献中屡见记载，其中最著名的是苏州南面的吴江利往桥。北宋朱长文《吴郡图经续记》说：'吴江利往桥，庆历八年，县尉王庭坚所建也。东西千余尺，用木万计。萦以修栏，甃以净甓，前临具区，横截松陵，湖光海气，荡漾一色，乃三吴之绝景也。'此桥在当时极负盛名，很多大文学家如苏舜钦、王安石都歌咏过它，在大书法家米芾的真迹《蜀素帖》《头陀寺碑跋》尾中都提到过它。"傅先生认为，苏舜钦所说"长桥跨空古未有"是宋代工程技术上的新成就。《千里江山图》采用北方山水画派的图式，画中的长桥却与南方的利往桥和桥上的垂虹亭相似，水边景色也是江南风光。这既体现了宋徽宗崇尚江南文化的审美趣味，也体现了"地不分南北"的国家地理概念。

为我国第一座长江大桥——武汉长江大桥建成作出重要贡献的著名桥梁专家唐寰澄先生，也在他的代表作《中国古代桥梁》中写道："北宋天才画家王希孟的《千里江山图》中有数座桥梁，以长桥最为突出，有很高的艺术价值……文献所载北宋时吴江利往桥，也是木构长桥，桥上有亭曰垂虹……据研究，王希孟画中的长桥可能就是利往桥的写照。"

当然，王希孟的《千里江山图》系艺术作品，不能等同于实景写照，但它与南宋无名氏《长虹卧波图》、明代沈周《垂虹暮色》图、唐寅《垂虹别意图》等诸多美术作品一样，不失为当代人们了解古代垂虹桥的珍贵资料。

南宋

# 叶梦得作诗填词咏垂虹

　　叶梦得（1077—1148），南宋文学家，字少蕴，号肖翁、石林居士，原籍吴县（今苏州吴中区），居住乌程（今浙江湖州）。北宋绍圣（1094—1098）年间进士。绍兴（1131—1162）年间，任江东安抚制置大使，兼知建康府、行宫留守，致力于防务及军饷供应。学问博洽，精熟掌故。其词风格接近苏轼，间有感怀时事之作，有逸气、狂气和英雄气。也能诗。有《建康集》《石林词》《石林诗话》《避暑录话》《石林燕语》等。

叶梦得像

　　叶梦得与吴江颇有因缘。震泽古镇原有八景，其中之一为"普济钟声"，这"普济"指的是镇西的普济寺，初建于宋元丰元年（1078），该寺以钟声、古柏、石刻"三绝"闻名。而这寺庙最早的一篇记便是由叶梦得作的。翻看平望、震泽等镇的镇志，都节录着叶梦得《避暑录话》中语："今平望、八坼、震泽之间，水弥漫而极浅，与太湖相接而非太湖，积潦暴至无以泄之则溢而害田，所以谓之震，蒲鱼莲茭之利，人所资者甚广，亦或可堤而为田，与太湖异，所以谓之泽……"

　　对于吴江的垂虹桥，叶梦得当然不会吝惜其笔墨，既有诗，又有词。其诗为

清康熙《吴江县志》载叶梦得作普济寺记

清乾隆《吴江县志》载叶梦得《长桥》

《长桥》：

> 长桥跨空水弥漫，北望吞天去无岸。
> 洞庭自涌东西山，惊涛忽起行人断。
> 禹功千载在坤舆，东南大浸唯五湖。
> 如何敌来不少限，铁马万骑翻长驱。

从此诗的首联中，可知宋代时的垂虹桥离太湖很近，且桥周围水面宽广，吴淞江连接着太湖，故"跨空水弥漫""吞天去无岸"。阅看此诗的尾联"如何敌来不少限，铁马万骑翻长驱"，与作者曾"致力于防务及军饷供应"是一脉相承的。

叶梦得为垂虹桥填的词是《念奴娇·中秋宴客有怀壬午岁吴江长桥》：

> 洞庭波冷，望冰轮初转，沧海沈沈。万顷孤光云阵卷，长笛吹破层阴。汹涌三江，银涛无际，遥带五湖深。酒阑歌罢，至今鼍怒龙吟。
>
> 回首江海平生，漂流容易散，佳会难寻。缥缈高城风露爽，独倚危槛重临。醉倒清樽，姮娥应笑，犹有向来心。广寒宫殿，为予聊借琼林。

词的上阕写了太湖和三江的景色，"汹

涌三江，银涛无际，遥带五湖深"等句，颇有苏轼词的豪放气概，散发着叶梦得特有的"逸气"。下阕回首往事，感叹"漂流容易散，佳会难寻"，"姮娥应笑，犹有向来心""广寒宫殿，为予聊借琼林"则充分展现了作者浪漫主义的写作手法。词中写到垂虹桥的笔墨似乎只有"独倚危槛重临"这一句，殊不知，不管是写太湖三江之景，还是感叹抒怀，这一切都是在"吴江长桥"上所见而发的。

另叶梦得还有一首词，为《永遇乐·寄怀张敏叔、程致道》，虽不是专写垂虹桥的，但也写到了垂虹桥，是为"传声试问，垂虹千顷，兰棹有谁重驻"，表达了他对垂虹桥的丝丝挂念之情。

# 李纲与垂虹桥

　　李纲（1083—1140），宋大臣，字伯纪，邵武（今属福建）人。政和进士。北宋末任太常少卿。靖康元年（1126），金兵败盟南下，他疏请徽宗禅位太子，以号召天下。钦宗即位，反对迁都，积极备战，逼使金军撤退，不久以"专主战议"被谪。次年高宗即位，拜相。主张用两河义军收复失地，在职七十五日，又被黄潜善、汪伯彦排斥。后历任湖广宣抚使等职。多次上疏，陈说抗金大计，都未被采纳。著有《梁溪集》《靖康传信录》等。

　　翻阅吴江方志，见有李纲多首写吴江的诗，其中题为《吴江三首》者与垂虹桥有关，先来看第一首：

> 重过松江忆旧游，依然风景照行舟。
> 危桥跨水虹垂影，高阁凭虚蜃吐楼。
> 渺渺冲烟归钓艇，轻轻点浪舞沙鸥。
> 暮天横笛江村起，激烈能令逐客愁。

　　首句中的"松江"，即吴江，也即现今所称的吴淞江，从此诗句来看，李纲已是第二次到吴江了。颔联中的"危桥"，为高桥之意；"虹垂影"之句，有着北宋诗人张先诗句的影子，张先有《松江》一诗，尾联为"桥南水涨虹垂影，清夜澄光合太湖"；"高阁"，约指垂虹桥上的垂虹亭和三高祠、鲈乡亭等吴淞江畔的建筑。该诗通过对江水、舟船、危桥、高阁、钓艇、沙鸥等动静之物的描写，给读者呈现了一幅吴淞江的美景图画。

继来看第二首：

> 返照澄波彻底明，江边弭棹若为情。
> 风烟漠漠无今古，舟楫纷纷尽利名。
> 潮落片帆归浦溆，寒云一雁过江城。
> 孤臣放逐三千里，此去龙津尚几程？

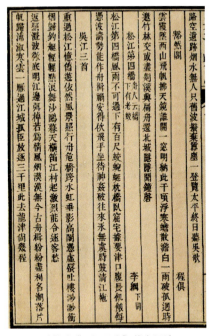

清乾隆《吴江县志》载李纲诗

诗中"弭棹"，停泊船只之意；"浦溆"，指吴淞江畔；"江城"，指吴淞江西侧的吴江县城；"龙津"，即龙门。写景的同时，抒情议论，对照李纲曾拜相，但因遭人排斥，离开京城去任湖广宣抚使等职的身世，尾联"孤臣放逐三千里，此去龙津尚几程？"对前程充满着忧虑。

再来看第三首：

> 系缆江头日脚沉，鲈肥酒美且孤斟。
> 长桥千步风涛稳，横笛一声烟水深。
> 契阔离亲宁素愿，迂愚报国只丹心。
> 远游自是男儿事，更把离骚细细寻。

诗的首联写了吴淞江，自然要写江里的特产鲈鱼。颔联里的"长桥千步"，虽是文学语言，但与垂虹桥的实际长度一千三百余尺还是比较吻合的。颈联中的"契阔"，勤苦之意；"素愿"，素志、夙愿。尾联里，诗人提到了《离骚》，想屈原写《离骚》之因是他痛心楚怀王惑于小人之言，不能明辨是非，邪恶的小人为害国家，端方正直的君子则不为朝廷所容，故忧愁苦闷，写下了《离骚》。对照李纲的身世，颇为相似，故他要"更把离骚细细寻"了。

# 张元幹诗词连连咏垂虹

张元幹像

张元幹（1091—约1170），南宋词人，字仲宗，号芦川老隐，真隐山人，长乐（今属福建）人；靖康元年（1126），李纲任亲征行营使抗金时，曾为属官，官至将作少监，秦桧当权时辞官南归，后因作词赠送主战派胡铨，触怒秦桧，削除官籍；其词风格豪迈，送胡铨和寄李纲的《贺新郎》词，对中原被金占领、朝廷苟且偷安表现了强烈的悲愤之情，是南宋词中的名作；又能诗；有《芦川归来集》《芦川词》。清乾隆《吴江县志》，载张元幹《垂虹亭二首》，第一首为：

一别三吴地，重来二十年。疮痍兵火后，花石稻粱先。

山暗松江雨，波吞震泽天。扁舟莫浪发，蛟鳄正垂涎。

第二首为：

熠熠流萤火，垂垂饮倒虹。行云吞皎月，飞电扫长空。

壮观江边雨，醒人水上风。须臾风雨过，万事笑谈中。

张元幹这二首诗作于宋建炎三年（1129）。这年春天，金兵大举南侵，宋高宗赵构一路奔逃，长江北面大部分地区失守。到了秋天，局势稍安，张元幹来到吴地，登垂虹桥上的垂虹亭，这已是他二十年后重游故地了。于是感叹时事，作了这两首诗。其中第一首抒发了他旧地重游之感和忧念时艰之情。颔联中的"疮痍兵火"正是指金兵南下，尾联中的"蛟鳄"隐喻着时时威胁着南宋河山的金兵。

第二首的首联写垂虹亭周围雨后的环境和垂虹桥的气势。亭子周围星星点点的萤火虫在熠熠闪亮，月光下，垂虹桥似一条从天而降的长虹在俯首吸饮着吴淞江水。颔联写天气突变，乱云四起，吞没了皎洁的明月，阵阵闪电划破了长空。颈联着力描写了江边壮观的雨景和观赏雨景的豪兴。尾联由景及情，抒写雨后诗人的欣喜心态。风雨过后，依然是云散月明，天宇澄清，万事没有什么值得忧愁的，都可以将之付于笑谈之中，蕴含了诗人盼望国难早除、天下太平的心情。

张元幹写垂虹桥的词有好几首。先来看《念奴娇·代洛滨次石林韵》这一首：

> 吴松初冷，记垂虹南望，残日西沉。秋入青冥三万顷，蟾影吞尽湖阴。玉斧为谁。冰轮如许，宫阙想寒深。人间奇观，古今豪士悲吟。
>
> 苍弁丹颊仙翁，淮山风露底，曾赋曲寻。老去专城仍好客，时拥歌吹登临。坐揖龙江，举杯相属，桂子落波心。一声猿啸，醉来虚籁千林。

词题中的"洛滨"，系富直柔，字季申，洛阳人，故号洛滨，北宋宰相富弼之孙，宋钦宗靖康初赐进士出身，绍兴元年（1131）同知枢密院事，为秦桧所忌，不久被罢职。"石林"，指南宋文学家叶梦得，字少蕴，号肖翁、石林居士。绍兴十三年，时任福州安抚使的叶梦得在福州宴客，张元幹与友富直柔一起与会。席上，叶梦得赋《念奴娇·中秋宴客有怀壬午岁吴江长桥》一词，张元幹即席代富直柔依原韵填此词。叶梦得原词记当年游吴江垂虹桥的情事，因此，张元幹的和词也从垂虹桥写起。上阕描绘垂虹桥的湖光月色，意境辽阔，气象恢弘，将此桥称为"人间奇观"，引来"古今豪士悲吟"；下阕则赞美叶梦得的风度雅致。

张元幹另有一首《念奴娇》，词题为《己卯中秋和陈丈少卿韵》，词中也多有描述垂虹桥之句，如上阕中的"垂虹望极，扫太虚纤翳，明河翻雪。一碧天光波万顷，

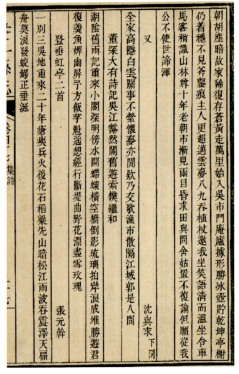

清乾隆《吴江县志》载张元幹《登垂虹亭》二首　　　　清乾隆《吴江县志》载垂虹亭

涌出广寒宫阙"，下阕里则有"陶冶三高千古恨，赏我中秋清节"之句，写到了垂虹桥畔的三高祠，该祠祭祀古代三位高士，系春秋越国大夫范蠡、西晋文学家张翰和唐代文学家陆龟蒙。

张元幹的《水调歌头·丁丑春与钟离少翁、张元鉴登垂虹》，与其诗《登垂虹亭二首》一样，在题中就点明了写"垂虹"，此词为：

挂策松江上，举酒酹三高。此生飘荡，往来身世两徒劳。长羡五湖烟艇，好是秋风鲈鲙，笠泽久蓬蒿。想像英灵在，千古傲云涛。

俯沧浪，舌空旷，恍神交。解衣盘礴，政须一笑属吾曹。洗尽人间尘土，扫去胸中冰炭，痛饮读《离骚》。纵有垂天翼，何用钓连鳌。

此词对于吴地人特别是吴江人来说，读之甚感亲切，因为写的风物，诸如松江（吴淞江）、五湖（太湖）、鲈鲙等，都是吴地人太熟悉不过了。词中又写到了"三高"，可见这三位高士在诗人心目中的地位是相当高的，故要"举酒"而"酹"之。

此外，张元幹的《青玉案》和《点绛唇》中也多有写垂虹桥之句，如："平生百绕垂虹路，看万顷，翻云去。山澹夕晖帆影度。菱歌风断，袜罗尘散，总是关情处。"又如："醉泛吴松，小舟谁怕东风大。旧时经过，曾向垂虹卧。"看来，张元幹对垂虹桥的爱恋可谓一往情深。

# 林外题《洞仙歌》于垂虹

林外像

据清乾隆《吴江县志》卷五十六《杂录一》转引南宋中期诗人叶绍翁《四朝闻见录》记载，南宋绍兴（1131—1162）年间，有一首《洞仙歌》题在吴江垂虹桥上，是为：

飞梁压水，虹影澄清晓。橘里渔村半烟草。今来古往，物是人非，天地里，唯有江山不老。

雨巾风帽。四海谁知我。一剑横空几番过。按玉龙、嘶未断，月冷波寒，归去也、林屋洞天无锁。认云屏烟障是吾庐，任满地苍苔，年年不扫。

此词没署姓名，其笔迹"龙蛇飞动"，真好像是不食人间烟火者所为，当时都传为八仙之一的吕洞宾所书。

这件事逐渐传到了朝廷上，宋高宗赵构看后大笑道："是福州秀才所为也。"左右听了，忙问其所以然。赵构说："以其用韵，乃是福建口音。"

隔了些日子，晓知此词真是福建士人林外所作。林外（1106—1170），宋代福建晋江人，字岂尘，号肇殷，绍兴三十年（1160），登进士，任兴化县令，作有著名的《题临安邸》诗：

> 山外青山楼外楼，西湖歌舞几时休？
> 暖风熏得游人醉，直把杭州作汴州！

此诗的作者，以前人们一直以为是"林升"，由于该诗最初刻于杭州西湖边的粉墙上，行草的"升"与"外"形体酷似，因此历代都误为"林升"并讹传下来。

当年，就是林外在一艘大船上，将《洞仙歌》词"仰而书于"垂虹桥上，"水天渺然，旁无来迹"，因此，"世人益神之"。

那么，宋高宗赵构怎知这首词是闽地士子所填呢？原来，赵构不仅懂词韵，也知闽地方言，此词所押之字为"晓、草、老、帽、扫"等字，同属词韵"上声十七筱、十八巧、十九皓，去声十八啸、十九效、二十号通用"，而也是押韵字的"锁"，福建人念"扫"，与"老"字"叶韵"也。

清乾隆《吴江县志》转刊《四朝闻见录》节录

# 黄中辅题《念奴娇》词于垂虹桥上

黄中辅像

据清乾隆《吴江县志》卷五十六《杂录一》转引明代王昌会《诗话类编》所载，南宋建炎（1127—1130）年间，有称"中兴野人"者唱和苏东坡《念奴娇·赤壁怀古》的词题于吴江桥（即垂虹桥）上，词云：

炎精中否？叹人材委靡，都无英物。贼骑长驱三犯阙，谁作长城坚壁？万国奔腾，两宫幽陷，此恨何时雪？草庐三顾，岂无高卧贤杰？

天心眷我中兴，吾皇神武，踵曾孙发。河岳英灵俱效顺，狂贼会须灰灭？翠羽南巡，叩阍无语，徒有冲冠发。孤忠耿耿，剑锋冷浸秋月。

此词上阕抒发胡骑南侵，长驱直入，朝廷一味逃奔，不事抵抗，二帝被掳，不知雪耻的愤慨。下阕感慨国难当头，朝廷仍不知重用人才，使爱国志士废置，枉有忠心，报国无门，"徒有冲冠发"。全词气势磅礴，充分体现了词人的忧国之心和悲愤之情。

大家看了词都大加赞赏，但不知是何人所填。一日，宋高宗赵构巡师长江以南地区，路过吴江垂虹桥而观此词，下诏"物色其人"，但"不复见矣"。

后来，知晓这"中兴野人"是黄中辅（1110—1187），字槐卿，晚号细高居士，是抗金名将宗泽的外甥，浙江省义乌人。祖父黄景圭为金吾卫上将军，居浦江。父亲黄琳，迁居义乌。黄中辅生于宋大观四年（1110），幼承家学，崇尚气节，颇有胆识，才智过人。宋徽宗宣和七年（1125）金国开始发动对北宋的战争。朝廷急召宗泽到抗金前线磁州任知州。宗泽招募义军，抗击金兵。宋徽宗则慌忙把帝位让与其子赵桓（宋钦宗）。第二年，金兵进攻宋都汴京，掳去徽、钦二帝及几乎全部皇族，只留下一个时在相州的兵马大元帅康王赵构，后在应天府即帝位，改元建炎。

宗泽受任东京留守，招募义军协助防守，联络八字军等部队，任用岳飞等

清乾隆《吴江县志》载中兴野人和东坡念奴娇词

为将，多次打败金兵，当时全国上下对金同仇敌忾，军民团结，士气高涨，正是北伐抗金、收复失地的大好时机。宗泽上疏请高宗回銮汴京，一连写了二十四道奏章，落到时在扬州宋高宗身边的主降派大臣黄潜善、汪伯彦手里，两人肆意攻击，百般阻挠，不让宋高宗回汴京主持抗金。宗泽见奸臣当道，复国无望，遂忧愤成疾去世，临死时，还念念不忘北伐，连呼三声："渡河！渡河！渡河！"

宗泽死后汴京不保，金兵长驱直入，渡江南下。黄中辅爱国心切，很想报效国家，苦于请缨无路。他得知舅父宗泽抱恨去世，表哥宗颖也赋闲在外，悲愤至极，遂写了上面这首题在吴江垂虹桥上的《念奴娇》词。黄中辅还在京师临安太平楼题句"快磨三尺剑，欲斩佞臣头"，对秦桧柄国、诬害忠良、粉饰太平、不思北进的行径作了淋漓尽致地揭露与鞭挞，其赤诚爱国、忠奸分明、不为苟合的气节为世人所崇。

# 赵磻老词咏垂虹桥

黎里古镇入镇口石牌楼上有一副对联：

金镜漾波，揽桥吟曲，和柳公诗韵；
周祠焕采，桂苑飘香，扬磻老儒风。

下联中的"磻老"，即指赵磻老。

据清乾隆《吴江县志》、嘉庆《黎里志》等记载，赵磻老，字渭师，号拙庵，生于北宋宣和三年（1121），卒于南宋庆元六年（1200），为北宋末年刑部尚书、翰林学士赵野之侄，其先祖山东东平人，以岳父待制欧阳懋之泽入仕，南宋孝宗朝时为书状官，随名臣范成大出使金国。范成大归来后，把他推

黎里东圣堂赵磻老雕像

荐给丞相虞允文，虞允文亦以为才，荐之擢正言。乾道八年（1172），知楚州，不久，入为大理寺丞。淳熙三年（1176），由两浙转运副使知临安府。淳熙四年，任秘阁修撰。翌年，权工部侍郎以知临安，因遭殿司招兵之事连累，谪往饶州。后退隐，迁居吴江黎里。所著有《拙庵杂著》三十卷、《拙庵外集》四卷。

赵磻老对于第二故乡黎里的贡献是巨大的，北宋时期，黎里尚是一个较大的村落。南宋初，许多北民迁来定居。赵磻老居黎里后，带领当地居民疏浚开挖市

河，修筑驳岸河埠，使黎里升格为了市。因此，黎里百姓对他尊崇有加，他逝世后，在镇东的东圣堂里，供奉他的雕像，至今尚存。

赵磻老到了黎里，对于邑中的第一名胜垂虹桥，当然也是熟稔的，故有友人写了中秋垂虹词，他即和之，可惜友人的原作已无存，但赵磻老的和词却传了下来：

> 冰蟾驾月，荡寒光、不见层波浸碧。几岁中秋争得似，云卷秋声寂寂。多谢星郎，来陪贤令，快赏鳌峰极。广寒宫近，素娥不靳余力。
>
> 夜久露落琼浆，神京归路，有云翘前迹。当日仙人曾驭气，只学神交龟息。今夜清尊，一齐分付，稳是乘槎客。天津重到，霓裳何似闻笛。

词中的"冰蟾"，在传说中月宫里有一只三条腿的蟾蜍，古人认为是吉祥之物，遂把月宫称为蟾宫；"星郎"，典出《后汉书·明帝纪》，馆陶公主为儿子求取郎官之职，汉明帝不许，说郎官上与星宿相应，要出任主管地方政务，如有不称职，百姓就要遭殃，后因称郎官为"星郎"；"鳌峰"，指江海中的岛屿。因如巨鳌背负山峰，故名；"素娥"，为嫦娥的别称；"云翘"，仙女名，相传为天宫里的女官；"乘槎客"，喻指游仙之人；"天津"，指天上的银河。

综观该词，语词清婉，仙气十足，通过冰蟾、层波、云彩、鳌峰、神京、天津等动静景物，素娥、云翘、乘槎客、星郎、贤令等虚实人物，辅以秋声、笛声，描绘了一幅出神入化的中秋垂虹夜色图。

词中的"星郎"，似在言说作者本人，星郎即郎官，在古代为议郎、中郎、侍郎、郎中等官员的统称，而赵磻老在朝时曾为工部侍郎，词中与"星郎"相对应的"贤令"，顾名思义是贤明之令，可能指的是当时的吴江县令。

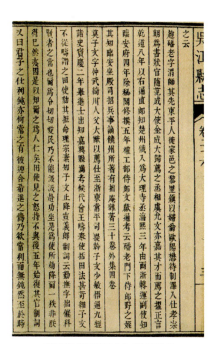

清乾隆《吴江县志》载赵磻老

# 陆游多诗咏垂虹

陆游（1125—1210），字务观，号放翁。越州山阴（今浙江绍兴）人，南宋著名诗人。少时受家庭爱国思想熏陶，高宗时应礼部试，为秦桧所黜。孝宗时赐进士出身。中年入蜀，投身军旅生活，官至宝章阁待制。晚年退居家乡。其一生笔耕不辍，今存诗九千多首，内容极为丰富。与王安石、苏轼、黄庭坚并称"宋代四大诗人"，又与杨万里、范成大、尤袤合称"南宋四大家"。著有《剑南诗稿》《渭南文集》《南唐书》《老学庵笔记》等。

陆游对吴江怀有深厚的感情，查阅吴江方志和他的《剑南诗稿》《渭南文集》《入蜀记》等诗文集，可见他许多吟咏、描述吴江风物的诗文。如在《入蜀记》中，他记道：宋乾道六年（1170）六月八日，入蜀途中进入吴江境内，"过平望，遇大雨暴风，舟中尽湿。少顷霁，止宿八坼（坼）。闻行舟有覆溺者，小舟扣舷，卖鱼颇贱，蚊如蜂虿，可畏"，留下《过八坼遇雨》诗：

> 胜地营居触事奇，酒甘泉滑鲈鱼肥。
> 松江好处君须记，风静长江雪落时。

现吴江南郊有一个面积颇大的生态公园，其名就取自陆游诗中的"胜地"。又如他在《过梅堰》中咏道：

> 春行雾雨暗衡茆，儿女随宜治酒肴。

便觉此身如在蜀，一盘笼饼是豌巢。

再如他对吴江蟹情有独钟，在《小酌》诗中吟道："团脐磊落吴江蟹，缩项轮困汉水鲂。"在《霜夜三首》中咏道："黄甘磊落围三寸，赤蟹轮困可一斤。"此外，他还对盛泽黄家溪、吴江豌豆等风物也作了描述。

陆游吟咏垂虹桥的诗很多。如宋淳熙六年（1179），陆游奉命改提举江南西路常平茶盐公事，冬天，他到江西省临川（今抚州）市任所。他来到抚河畔与河北幽州台、山西鹳雀楼、赣州郁孤台等齐名的拟岘台，在此台观雪，想到了吴江松陵的钓雪滩，也想到了垂虹桥，遂写下了《拟岘台观雪》一诗，其首云为：

垂虹亭上三更月，拟岘台前清晓雪。
我行万里跨秦吴，此地固应名二绝。

清乾隆《吴江县志》载陆游《过八斥遇雨》　　　清康熙《吴江县志》载陆游访垂虹桥畔朣庵

九年前，即乾道六年（1170），陆游在一个初夏日的午间渡过了"松江"，也就是吴江县城南、连接太湖的吴淞江。陆游到了吴江，由知县右承议郎管銖、县尉右迪功郎周郪两位地方官员接待。他经过宋大冶令王份在吴江松陵东门外的瞿庵，叹其流风，于当日傍晚离开吴江，回望垂虹桥、华严塔，感觉是图画一般。此后念念不忘，在抚州拟岘观雪，诗咏垂虹桥。

又如在《醉中作》中他吟道："却骑黄鹤横空去，今夕垂虹醉月明。"在《明日复理梦中意作》中吟道："高挂蒲帆上黄鹤，独吹铜笛过垂虹。"在《月夕》中吟道："弄月过垂虹，万顷一片玉。"在《病中久废游览怅然有感》中吟道："垂虹风月休如昨，安得青钱买钓船。"在《秋思》中吟道："垂虹秋愈佳，不得同装赏。"在《客谈荆渚武昌慨然有作》中吟道："速脱衣冠挂神武，散发烂醉垂虹秋。"在《秋波媚 曾散天花蕊珠宫》中吟道："垂虹看月，天台采药，更与谁同。"……真可谓是佳句连连，让人目不暇接。

# 范成大作《垂虹》诗

范成大（1126—1193），字致能，一字幼元，早年自号此山居士，晚号石湖居士，吴县（今苏州吴中区）人，南宋名臣、文学家。宋高宗绍兴二十四年（1154），范成大登进士第，累官礼部员外郎兼崇政殿说书。乾道六年（1170），作为泛使出使金国，索求北宋诸帝陵寝之地，并争求改定受书之仪，不辱使命而还。淳熙五年（1178），升任参知政事。晚年退居石湖，并加资政殿大学士。累赠少师、崇国公，谥号"文穆"，后世遂称其为"范文穆"。范成大素有文名，尤工于诗，风格平易浅显，清新妩媚，题材广泛，以反映农村社会生活内容的作品成就最高，与杨万里、陆游、尤袤合称南宋"中兴四大诗人"。

范成大像

范成大居住在石湖，与原属吴江的越溪近在咫尺，而越溪在1951年前属吴江，此后才划归吴县（现吴中区）。吴江的方志上，记有一处古迹名绮川亭，该亭在莫舍村，即是范成大的别业之一，后人因以名其地。吴江多本方志把范成大列为寓贤。大概是这一层的缘故吧，范成大写吴江的书、诗、文颇多。诸如书籍有《松陵续集》等，诗有《渡太湖》《过平望》《村田乐府诗并序》《灯市行》《四时田园杂兴》《立秋后二日泛舟越来溪》等，文有《三高祠记》《吴江县新修主簿厅记》等。

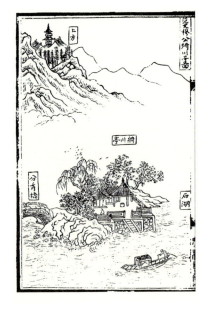

明弘治《吴江志》载范成大别业"绮川亭"　　　清乾隆《吴江县志·寓贤》载范成大

　　范成大对垂虹桥情有独钟，他在其所著《骖鸾录》中记道："石湖居士，以乾道壬辰十二月七日，发吴郡，帅（注：同率）广西，泊船姑苏馆。十四日，出盘门，大风雨，不行，泊赤门湾（注：苏州觅渡桥所在）。十五日，发赤门（注：苏州古八门之外的一座城门），早饭松江（注：吴淞江）。送客入曜庵（注：宋代王份归老处，在吴江东门外，文庙西侧）。夜登垂虹（注：垂虹桥），霜月满江，船不忍发，送者亦忘归，遂泊桥下。十六日，发垂虹，宿震泽。"就在此间，他写下了《垂虹》一诗，全诗为：

　　　　　　浪拍楼阑家枕流，天将奇胜慰悲秋。
　　　　　　飞来玉塔横江卧，散作金鳞卷地浮。
　　　　　　何处风烟寻祖武，此生功业记今游。
　　　　　　长年剩看垂虹月，肯向鸥前说滞留。

　　范成大还作有《过吴江》，一作《过松江》，在此诗中，他开头就写到了垂虹桥："长虹斗起蛟龙穴，朱碧栏干夜明灭。"可见他的垂虹情结是颇深的。

# 杨万里两年三度过垂虹

杨万里（1127—1206），字廷秀，号诚斋，吉州吉水（今江西省吉水县）人。南宋著名文学家、政治家，与陆游、尤袤、范成大并称为"中兴四大诗人"。因宋光宗曾为其亲书"诚斋"二字，故学者称其为"诚斋先生"。绍兴二十四年（1154），杨万里登进士第，历仕宋高宗、孝宗、光宗、宁宗四朝，曾任国子博士、太子侍读、秘书监等职，累官至宝谟阁直学士，封庐陵郡开国侯。

杨万里像

杨万里一生作诗两万多首，传世作品有四千二百余首，被誉为一代诗宗。他的诗歌大多描写自然景物，且以此见长，创造了语言浅近明白、清新自然且富有幽默情趣的"诚斋体"。此外也有不少篇章反映民间疾苦、抒发爱国情感的作品。有《诚斋集》等作品传世。

翻阅吴江方志，可看到杨万里为吴江写的诗有好几十首，其中写垂虹桥或提到垂虹桥的有十几首。先来看题为《再登垂虹亭》的，是两首七绝：

宿醒作恼未惺忪，一对湖光酒病空。

身到吴中无好处，三年两度上垂虹。

> 长年三老不须催，且据胡床未拟回。
>
> 白昼惊人星满地，日光碎处万波来。

诗中的"长年三老"，为一成语，古时指船工，出自唐代杜甫《拨闷》诗："长年三老遥怜汝，捩舵开头捷有神。""胡床"，为古时一种可以折叠的轻便坐具。前一首诗的末句为"三年两度上垂虹"，可知杨万里来吴江垂虹桥的频率是颇高的。

再来看这一首《鲈鱼》，为七律：

> 两年三度过垂虹，每过垂虹每雪中。
>
> 要与鲈鱼偿旧债，不应张翰独秋风。
>
> 买来一尾那嫌少，尚有杯羹慰老穷。
>
> 只是莼丝无觅处，仰天大笑笑天公。

清康熙《吴江县志》载杨万里诗

这首诗的第一句"两年三度过垂虹"，相比上面那首中的"三年两度上垂虹"，其频率更高了。此诗充分体现了杨万里诗清新自然且富有幽默情趣的风格，说他虽然来垂虹桥的次数多，但每次来总是冬天下雪，真要与鲈鱼偿旧债了，不应该只让昔日的张翰独占秋风而尝到鲈鱼美味；大冷天买来一尾鲈鱼已不能嫌少了，且"尚有杯羹慰老穷"，只是寒冬里觅找不到莼菜，只能"仰天大笑笑天公"了。

杨万里的《舟泊吴江》为三首七绝，其中两首写到了垂虹桥，一为：

江湖便是老生涯，佳处何妨且泊家。
自汲松江桥下水，垂虹亭下试新茶。

这次杨万里是春天来了，他要自行舀取吴淞江里的水，在垂虹亭上品尝新茶了。
一为：

东是吴江西太湖，长桥横截万寻余。
江妃舞倦凌波袜，玉带围腰揽镜初。

此诗前两句讲了垂虹桥的地理位置，以夸张的手法说了其长度。后两句说了一个神话传说，"江妃"，亦作江斐，是二个神女，汉刘向《列仙传·江妃二女》："江妃二女者，不知何所人也，出游于江汉之湄，逢郑交甫（周朝人），见而悦之，不知其神人也。"江妃二女原在"江汉之湄"，杨万里把她们"召"到了吴淞江上跳起了舞。

杨万里的《垂虹亭观打鱼斫鲙》有四首七绝，分别为：

桥柱疏疏四寂然，亭前突出小鱼船。
一声磔磔鸣榔起，惊出银刀跃玉泉。

六只轻舠搅四旁，两船不动水中央。
网丝一撒还空举，笑得倚栏人断肠。

渔郎妙手绝多机，一网收鱼未足奇。
刚向人前撰勋绩，不教速得只教迟。

鲈鱼小底最为佳，一白双腮是当家。
旋看水盘堆白雪，急风吹去片银花。

这四首诗的语言都很是明快、活泼，生动地描述了垂虹亭下、吴淞江上渔夫打鱼、斫鲙的情景，让人阅之，觉有身临其境之感。

写鲈鱼的诗，杨万里还有一首，名为《吴江鲈》，曰：

> 鲈出鲈乡芦叶前，垂虹亭上不论钱。
>
> 买来玉尺如何短，铸出银梭直是圆。
>
> 白质黑章三四点，细鳞巨口一双鲜。
>
> 春风已有真风味，想得秋风已迥然。

杨万里在诗中以细腻的笔法描述了吴江鲈鱼，可看出由于吴淞江水流的变迁，南宋时垂虹桥下的鲈鱼已不多，价格已不菲，买方已在"垂虹亭上不论钱"了。

杨万里写或写到垂虹桥和垂虹亭的诗尚有好几首，如《风定过垂虹桥》《过太湖石塘》《月夜阻风泊舟太湖石塘南头》等。

# 张孝祥与垂虹桥

张孝祥（1132—1170），南宋词人，字安国，号于湖居士，乌江（今安徽省和县乌江镇）人。绍兴二十四年（1154）廷试第一。孝宗朝，累迁中书舍人、直学士院，领建康留守。后官荆南、湖北安抚使。文章过人，其词风格豪迈，颇有感怀时事之作。在建康留守席上所作《六州歌头》，表现出要求收复中原的激情，对朝廷的苟且偷安予以强烈谴责，名臣张浚曾为之感动罢席。有《于湖居士文集》《于湖词》。

张孝祥像

浏览《全宋词》可见到张孝祥所填的《水调歌头·垂虹亭》：

舣棹太湖岸，天与水相连。垂虹亭上，五年不到故依然。洗我征尘三斗，快揖商飙千里，鸥鹭亦翩翩。身在水晶，真作驭风仙。

望中秋，无五日，月还圆。倚栏清啸孤发，惊起蛰龙眠。欲酹鸱夷西子，未办当年功业，空系五湖船。不用知余事，莼鲙正芳鲜。

词中的"舣棹"，停船靠岸之意；"商飙"，商为中国古代五音之一，相当于简谱的"2"，古人把五音与四季相配，商音配秋，因以商指秋季，商飙指秋风；"鸱夷西子"，

明弘治《吴江志》载《垂虹胜概图》之垂虹亭（图左）

相传春秋时越国大夫范蠡辅佐勾践灭吴后，携西施隐居于五湖（太湖），自号"鸱夷子皮"，西子即西施。

词的上阕说词人五年前曾游太湖和垂虹亭，如今重来，见湖上水天一色，鸥鹭翻飞，风景如故。面对这美景，词人在想象中仿佛置身于水晶宫阙，成了驾驭长风的仙人。下阕说词人倚栏长啸，以至"惊起蛰龙眠"，以想象和夸张的手法强化了慷慨激昂的情绪。

通览全词，其吴越元素颇多，诸如太湖、垂虹亭、鸱夷西子、五湖船、莼鲈等，足见词作者虽是皖地人氏，但对吴越的风情了如指掌，让吴越人读来，尤感亲切。

# 辛弃疾填词垂虹桥

辛弃疾（1140—1207），原字坦夫，后改字幼安，号稼轩，山东东路济南府历城县（今山东济南市历城区）人，南宋豪放派词人、将领，有"词中之龙"之称，与苏轼合称"苏辛"，与李清照并称"济南二安"（李清照号易安居士）。辛弃疾一生以恢复中原为志，以建功立业自况，却命运多舛，壮志难酬，但他始终没有动摇恢复中原的信念，而是把满腔激情和对国家兴亡、民族命运的关切、忧虑全部寄寓于词作之中。其词艺术风格多样，以豪放为主，风格沉雄豪迈又不乏细腻柔媚之处。其词题材广阔，又善化用典故，

辛弃疾像

抒发力图恢复国家统一的爱国热情，倾诉壮志难酬的悲愤，对当时执政者的屈辱求和颇多谴责；也有不少吟咏祖国河山的作品。现存词六百多首，有词集《稼轩长短句》等传世。

辛弃疾自隆兴二年（1164）冬或乾道元年（1165）春，江阴签判任满后，曾有一段流寓吴江的生活，吴江给了他颇深的印象，因此为吴江留下了多首词作。他在《玉楼春》中有句云："旧时枫落吴江句，今日锦囊无着处。"在《清平乐·忆吴江赏木樨》中，写道：

明弘治《吴江志》载"思鲈返棹"图

少年痛饮，忆向吴江醒。明月
团团高树影，十里蔷薇水冷。

大都一点宫黄，人间直恁芬芳。
怕是九天风露，染教世界都香。

《辞源》在刊载"张翰"词条时引
用了辛弃疾的词句："休说鲈鱼堪脍，
尽西风，季鹰归未？"（季鹰系张翰
的字）这词句出自辛弃疾《水龙吟·登
建康赏心亭》（一作《水龙吟·旅次
登楼作》，全词为：

楚天千里清秋，水随天去秋无
际。遥岑远目，献愁供恨，玉簪螺
髻。落日楼头，断鸿声里，江南游
子。把吴钩看了，栏杆拍遍，无人
会，登临意。

休说鲈鱼堪脍，尽西风，季鹰归未？求田问舍，怕应羞见，刘郎才气。
可惜流年，忧愁风雨，树犹如此！倩何人唤取，红巾翠袖，揾英雄泪！

这首词虽然写的是南京的景物，但对于张翰的故乡人即鲈乡人来说，读之感到
颇为亲切。

辛弃疾对于吴江的第一名胜垂虹桥，当然少不了挥笔填词。他填了一首《水调
歌头·和王正之右司吴江观雪见寄》，全词为：

造物故豪纵，千里玉鸾飞。等闲更把，万斛琼粉盖颇黎（玻璃）。好
卷垂虹千丈，只放冰壶一色，云海路应迷。老子旧游处，回首梦耶非。
谪仙人，鸥鸟伴，两忘机。掀髯把酒一笑，诗在片帆西。寄语烟波旧侣，

闻道莼鲈正美，休裂芰荷衣。上界足官府，汗漫与君期。

词题中的"王正之"，一作王政之，曾任右司郎官，后遭黜降。淳熙六年（1179），辛弃疾从湖北漕运副使任上调至湖南任漕运副使，与王正之置酒小山亭，填《摸鱼儿·更能消几番风雨》。这首《水调歌头》，系王正之在吴江观雪后填词寄给辛弃疾，辛弃疾和了此词寄还。辛弃疾运用他豪放派词人的手法，通过"千里玉鸾""万斛琼粉""垂虹千丈"等词语，描绘了一幅气势浩然、壮丽无比的垂虹雪景图。词中的"老子"，系辛弃疾的自称（辛弃疾爱称自己为老子），透过"老子旧游处，回首梦耶非"这词句，可知他很是怀念早年寓居吴江的那一段岁月。

# 陈亮立垂虹以酹陈公之神

陈亮像

陈亮（1143—1194），原名汝能，字同甫，号龙川，学者称为龙川先生，婺州永康（今属浙江）人，南宋思想家、文学家。陈亮"为人才气超迈，喜谈兵，议论风生，下笔数千言立就"。宋孝宗时，被婺州以解头荐，因上《中兴五论》，奏入不报。淳熙五年（1178），诣阙上书论国事，后曾两次被诬入狱。宋光宗绍熙四年（1193）状元及第，授签书建康府判官公事，未及至官而逝，年五十二。宋理宗时，追谥"文毅"。陈亮所作政论气势纵横，词作风格豪迈，有《陈龙川集》《龙川词》传世。

清乾隆《吴江县志》卷五十六《杂录》里转引了陈亮在《陈龙川集》里的一段文字：

　　始余出国北门，弥望沮洳，带以一水，岸行不容车马，湖泊随在而有。舟至松江，风涛汹涌，虽余亦惧而登焉。立垂虹之上，四顾而叹曰："此岂戎马驱驰之所乎？"昔陈公思恭提兵数千，以小舟伏湖中，欲要兀术擒之。扣舷相应，战士尽起，而兀术以轻舠遁去。韩世忠复扼之江上，金人自是不复南顾矣。酌酒吊古，以酹陈公之神。

文中的"国"，为都城之意，指南宋京城临安（今浙江杭州）；"沮洳"，指低湿之地；"松江"，即吴淞江。文中提到了陈公思恭、兀术、韩世忠等历史人物，这"陈公思恭"指南宋大将陈思恭，其为南宋的建立和初期稳定立下汗马功劳，深受南宋朝廷的倚重。他所统帅的神武后军曾是护卫朝廷的重要力量，尽管兵员不多，却常被派往韩世忠、张俊处协助作战，作为先锋破敌。历史留名的战功主要有：一是中兴十三战功的"太湖之役"；二是"苗刘兵变"中代表韩世忠部，率先到达临安城，兵不血刃地解除苗傅、刘正彦的兵变；三是协助张俊，与岳飞、杨沂中一起英勇作战，最后将伪齐大将李成击败。

正是这样一位战功赫赫的将军，赢得了陈亮的敬重，在其逝后，陈亮舟至松江，当要"立垂虹之上"，"酌酒吊古，以酹陈公之神"了！

清乾隆《吴江县志》转刊《陈龙川集》节录

# 刘过垂虹亭下抒胸臆

刘过像

刘过（1154—1206），南宋词人、诗人，字改之，号龙洲道人，吉州太和（今江西泰和）人，长于庐陵（今江西吉安），终身未仕；流落江湖期间，曾从辛弃疾游；晚年寓居江苏昆山，今其墓尚在。其抒发抗金抱负的诗词，语意峻拔，风格豪放，与刘克庄、刘辰翁享有"辛派三刘"之誉，有《龙洲集》《龙洲词》。

刘过屡试不第，漫游江浙等地，而吴江地处吴头越尾，故他不止一次来过吴江，有《泊船吴江县》诗：

草树连塘岸，人家半橘洲。
暖寒寻酒去，觉懒罢诗休。
逆境年年梦，劳生处处愁。
天涯倦行客，明日又苏州。

刘过写垂虹桥的，则既有诗又有词。诗为《过垂虹送汪仲冕》（亦题为《自述》）：

扁舟送客出姑苏，晚泊吴江夜雨余。

波浪稍平风力定，青黄相间橘林疏。

匆忙旅馆催行酒，草率杯盘旋买鱼。

我欲壁间书岁月，无人为作小王书。

诗的颈联里，描述了一幅在垂虹桥头买吴江特产鲈鱼的情景。尾联中的"小王"，系指王羲之后人、北宋初年的书法家王著，其书法深得宋太宗的嘉许，朝廷之上皆以他的书法为范本，世皆赞其书法为"小王书"。

刘过写垂虹桥的词则是脍炙人口的《念奴娇·留别辛稼轩》：

知音者少，算乾坤许大，著身何处。直待功成方肯退，何日可寻归路。

多景楼前，垂虹亭下，一枕眠秋雨。虚名相误，十年枉费辛苦。

不是奏赋明光，上书北阙，无惊人之语。我自匆忙天未许，赢得衣裾尘土。

白璧追欢，黄金买笑，付与君为主。莼鲈江上，浩然明日归去。

词题中的辛稼轩，即辛弃疾，是刘过的莫逆之交。刘过对他很是敬重，曾写诗道："但得稼轩一题品，春风侠骨死犹香。"宋宁宗嘉泰三年（1203），刘过因母病告归，辛弃疾知其囊中羞涩，遂买船筹资相送。刘过有感于他的知遇之恩，遂赋上此词留别。

词中的"多景楼"，在江苏镇江北固山甘露寺内（今仅存遗址），是唐宋著名名胜，刘过曾多次登上此楼眺望中原，写下《题润州多景楼》一诗，中有"西风把酒闲来游，木叶渐脱人间秋。烟尘茫茫路渺渺，神京不见双泪流"等怀念中原的名句。与"多景楼"

清康熙《吴江县志》载垂虹亭

相对应的是"垂虹亭",此亭位于垂虹桥桥心,自北宋庆历八年(1048)与桥一起初建以来,无数文人雅士到此观赏吟咏,留下了许多名篇雅章。刘过为何要在"多景楼前"和"垂虹亭下""一枕眠秋雨",固然与这两处景物秀丽又可远眺中原有关,尚与他科场失意、政治上遭受压抑有关。

刘过在该词结句时吟道:"莼鲈江上,浩然明日归去。"运用了吴江籍西晋文学家张翰在京城洛阳见秋风起,思念家乡的莼鲈与菰菜,遂弃官回故里的典故,以表明自己不慕名利、决心归隐的心志。

纵观全词,刘过直抒胸臆,倾诉了自己怀才不遇的苦闷,反映了南宋统治者的无能没落,表达了他愤懑的心绪。

# 姜夔吹箫过垂虹

姜夔（约1155—1209），南宋词人、音乐家，饶州鄱阳（今江西鄱阳）人。一生未仕，往来鄂、赣、皖、苏、浙间，与当时诗人词客交游。工诗，词尤有名，且精通音乐。有《白石道人歌曲》《白石道人诗集》《诗说》等。

姜夔与苏州石湖的范成大是忘年交，范比姜要长近三十岁。据元陆友所撰的《研北杂志》记载，范成大家有一婢女，名小红，颇有色艺。宋光宗绍熙二年（1191）冬天，范成大请姜夔到他家去。姜夔冒雪前去，住了一段时间，范成大嘱他作乐曲。姜夔便作了《暗香》《疏影》二曲，《暗香》为：

姜夔像

旧时月色，算几番照我，梅边吹笛？唤起玉人，不管清寒与攀摘。何逊而今渐老，都忘却春风词笔。但怪得竹外疏花，香冷入瑶席。

江国，正寂寂，叹寄与路遥，夜雪初积。翠尊易泣，红萼无言耿相忆。长记曾携手处，千树压、西湖寒碧。又片片、吹尽也，几时见得？

词中的何逊，是南朝梁诗人，早年曾任南平王萧伟的记室，任扬州法曹时，所居里种有梅花；"寄与路遥"，表示音讯隔绝，这里暗用陆凯寄给范晔的诗句："折梅逢驿使，寄与陇头人。"《疏影》为：

　　苔枝缀玉，有翠禽小小，枝上同宿。客里相逢，篱角黄昏，无言自倚修竹。昭君不惯胡沙远，但暗忆、江南江北。想佩环、月夜归来，化作此花幽独。

　　犹记深宫旧事，那人正睡里，飞近蛾绿。莫似春风，不管盈盈，早与安排金屋。还教一片随波去，又却怨、玉龙哀曲。等恁时、重觅幽香，已入小窗横幅。

词中的"有翠禽小小，枝上同宿"这二句，用罗浮之梦典故。旧题柳宗元《龙城

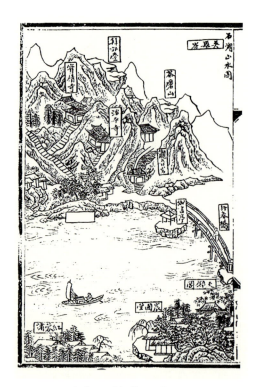

明弘治《吴江志》载"石湖山水"图

清乾隆《吴江县志》转刊《研北杂志》记姜夔过垂虹

录》载，隋代赵师雄游罗浮山，夜梦与一素妆女子共饭，女子芳香袭人。又有一绿
衣童子，笑歌欢舞。赵醒来，发现自己躺在一株大梅树下，树上有翠鸟欢鸣，见月
落参横，但惆怅而已。"犹记深宫旧事，那人正睡里，飞近蛾绿"这三句，用寿阳
公主之事，《太平御览》引《杂五行书》云："宋武帝女寿阳公主，人日卧于含章殿
檐下，梅花落公主额上，成五出花，拂之不去。皇后留之，看得几时，经三日，洗
之乃落。宫女奇其异，竞效之，今'梅花妆'是也。""安排金屋"，《汉武故事》载，
汉武帝刘彻幼时曾对姑母说："若得阿娇作妇，当作金屋贮之。"

　　姜夔的《暗香》写的是自己身世飘零之恨和伤离念远之情，《疏影》则披露了他
对国家衰危的关切和感触。范成大看了，"把玩不已"，便叫两个歌妓歌之，音节清
婉，范成大听了非常高兴，遂将小红赠给姜夔。姜夔带了小红乘船往吴江而去。过
垂虹桥时，正值大雪纷飞，遂赋诗曰：

> 自琢新词韵最娇，小红低唱我吹箫。
> 曲终过尽松陵路，回首烟波十四桥。

　　姜夔"喜自度曲吹洞箫，小红辄歌而和之"。
　　诗中的"新词"即指上述的《暗香》《疏影》二曲；"松陵"，即指吴江县治所在
地松陵，现称吴江区松陵街道，其名最早见于后汉赵晔所纂的《吴越春秋》，中有
"吴王大惧，夜遁。越王追奔攻吴，兵入于江阳松陵"之句，"江阳松陵"即指吴淞
江北岸今吴江县地（阳，水之北，当时吴淞江连接太湖之处在现吴江城区之南，故
称），其名由来，据清乾隆《吴江县志》载："汉置松陵镇……《旧经》云：'松柏险
隘，故曰松陵'，此说恐非。盖地在吴淞江上，比江颇高，有若丘陵然耳。"诗中的
"十四桥"，非是确数，泛指从石湖至松陵的水路上桥颇多而已。此诗的节奏颇为
轻快，可看出当时姜夔所作二曲得到范成大的夸奖，带了小红畅游太湖、吴淞江和
垂虹桥的心情甚是欢欣怡悦。

# 戴复古四诗咏垂虹

　　戴复古（1167—?），南宋诗人，字式之，号石屏，台州黄岩（今属浙江台州）人，长期浪游江湖，卒年八十有余。曾向陆游学诗，也受晚唐诗的影响，是"江湖派"较有成就的诗人。部分作品指责当时统治者的苟且偷安，表达收复中原的愿望。语言自然，也能词，风格雄放。有《石屏诗集》《石屏词》。

　　翻阅清乾隆《吴江县志》，见载有戴复古的《松江舟中四首·荷叶浦时有不测末句故及之》。诗题中的"松江"即吴淞江；"荷叶浦"，据清乾隆《吴江县志·山水》载，同里镇西的水流有北行支港长十里，俗名长纤路，其出吴淞江处即古所称的荷叶浦，清乾隆时谓之荷叶嘴。现长纤路亦名长启路，为吴淞江的一条支流，系同里至苏州的水路通道，向南则流入大窑港。

　　戴复古的这四首诗为：

　　　　　　　夜听枫桥钟，晓汲松江水。
　　　　　　　客行信匆匆，少住亦可喜。
　　　　　　　且食鳜鱼肥，莫问鲈鱼美。

　　　　　　　垂虹五百步，太湖三万顷。
　　　　　　　除却岳阳楼，天下无此景。
　　　　　　　范蠡挟西施，功名付烟艇。

秋风吹客衣，归兴浩难写。
寒林噪晚鸦，红日堕平野。
篙师解人意，舣棹酒旗下。

扁舟乃官差，舟子吾语汝。
汝为吾作劳，吾亦不负汝。
好向上塘行，莫过荷叶浦。

　　通观这四首诗，虽直接写垂虹桥的句子不多，但"除却岳阳楼，天下无此景"这两句，超越了绝大多数诗词对垂虹桥的赞美之辞，唯王安石在《长桥》中句"颇夸九州物，壮丽此无敌"可与之比肩，从中可看出垂虹桥在戴复古心目中的地位是多么高。

清乾隆《吴江县志》载戴复古诗

# 葛长庚作诗填词咏垂虹

葛长庚（一说 1134—1229，一说 1194—1229），即白玉蟾，南宋道士，字如晦，又字自叟，号海琼子，世称紫清先生。琼州（今海南琼山）人，一说福建闽清人。十二岁举童子科，谙九经，能诗赋，且长于书画。因任侠杀人，亡命武夷，乔装道士，浪游华南各地。嘉定（1208—1224）中诏征赴阙，对御称旨，命馆太乙宫，一日不知所在。他吸取佛教禅宗及宋代理学思想入道，是道教南宗教旨的实际创立者。著有《玉隆集》《上清集》《武夷集》等，其弟子彭耜又辑《海琼问道集》等。

葛长庚曾游吴地，不止一次到过吴江，为吴江和垂虹桥写诗填词。先来看这一首《水调歌头·丙子中元后风雨有感》：

一叶飞何处，天地起西风。夜来酒醒，月华千顷浸帘栊。塞外宾鸿来也，十里碧莲香满，泽国蓼花红。万象正萧爽，秋雨滴梧桐。

钓台边，人把钓，兴何浓。吴江波上，烟寒水冷羃丹枫。光景暗中催去，览镜朱颜犹在，回首鹭巢空。铁笛一声晓，唤起玉渊龙。

词题中的"丙子"，为南宋嘉定九年（1216）；下阕中的"吴江"，即源于太湖、从垂虹桥下流过的吴淞江。

过了五年，葛长庚又来吴江，这从他的《诏建三清殿记》中可得知。该记云："嘉定辛巳病月既望，臣小舣长桥，将如虎丘，过自祖庭，目其平江府天庆观正殿。""嘉定辛巳"，即嘉定十四年（1221）；"病月既望"，即农历三月十六；

"平江府天庆观"，即苏州崇祀宋朝圣祖的宫观。当时，葛长庚填了一首《贺新郎·且尽杯中酒》：

　　　　且尽杯中酒。问平生，湖海心期，更如君否。渭树江云多少恨，离合古今非偶。更风雨、十常八九。长铗歌弹明月堕，对萧萧、客鬓闲携手。还怕折，渡头柳。

　　　　小楼夜久微凉透。倚危阑，一池倒影，半空星斗。此会明年知何处，苹未秋风未久。漫输与，鹭朋鸥友。已办扁舟松江去，与鲈鱼，莼菜论交旧。因念此，重回首。

　　下阕中写到了"松江"（即今吴淞江），还提到了吴江籍西晋文学家张翰在京城洛阳所思的鲈鱼和莼菜。

　　清乾隆《吴江县志》刊载了葛长庚的一首诗，题为《泛舟吴江》：

　　　　　　　　白酒黄柑冽以妍，鲈鱼买得一双鲜。
　　　　　　　　舟行无浪无风夜，人在非晴非雨天。
　　　　　　　　醉熟不知天远近，梦回但见月婵娟。
　　　　　　　　垂虹亭下星如织，云满长洲草满川。

　　诗中的"婵娟"，形容月色明媚；"长洲"，为水中长形陆地，系指垂虹桥东北侧的钓雪滩，濒临京杭大运河，是古吴淞江岸边的滩涂。以前，这里芦蒿丛生，是垂钓的好去处，吴江的文人雅士冬日多于此垂钓，由此而名钓雪滩。宋代庆历（1041—1048）年间筑垂虹桥后，此滩上曾先后建有大冶令王份的别业瞿庵、状元黄由的别业盘野和祭祀范蠡、张翰、陆龟蒙的三高祠等。诗中的"白酒黄柑冽以妍，鲈鱼买得一双鲜"，与杨万里写吴江鲈鱼之句"买来一尾那嫌少，尚有杯羹慰老穷"，颇有异曲同工之妙。诗尾联前句"垂虹亭下星如织"，则描述了一幅垂虹桥下波映星空的夜景图。

# 叶茵隐里咏垂虹

叶茵，据清嘉庆《同里志》记载，系南宋宝祐年间（1253—1258）前后的诗人，字景文，"隐居高尚，名其堂曰顺适，藏书万卷，有水竹墅十咏……善诗，格清矫"，著有《顺适堂诗稿》，他又仰慕唐代文学家陆龟蒙，致力于汇集其诗文，编成《甫里集》二十集。叶茵在崇文好诗的同时乐于善举，曾为里中修建多座桥梁，其中同里镇区西郊辽浜的思本桥即是其中之一，至今已历七百余年，依旧完好无损，2013年国务院公布为全国重点文物保护单位。

叶茵在修桥的同时，也咏桥。他写的五律《垂虹桥》诗就写得颇为精彩：

何年现采虹，悬足控西东。
两地烟波隔，一天风月同。
橹声摇雁柱，檐影覆龙宫。
仇虏曾长钓，谁收铒虏功。

清嘉庆《同里志》载叶茵

叶茵建造的同里思本桥

　　诗中的"采虹"同"彩虹";"雁柱",即桥柱,宋孟元老《东京梦华录·三月一日开金明池琼林苑》:"又西去数百步,乃仙桥,南北约数百步,桥面三虹,朱漆阑楯,下排雁柱,中央隆起,谓之'骆驼虹',若飞虹之状。""仇虏",敌寇之意,诗中指金兵;"铒",钩子。叶茵在诗中,既描述、赞美了垂虹桥的秀丽景色,又抒发了自己的爱国情怀。

　　他还有一首五绝,是写垂虹桥上垂虹亭的,诗为:

　　　　东西耕钓窟,左右利名津。倚遍阑干曲,知几有几人。

　　诗中的"耕钓"喻隐居不仕;"利名",名利之意;"知几",谓有预见,看出事物发生变化的隐微征兆。叶茵此首咏景诗,颇有意味,将自己萧闲自放,不慕荣利,隐居乡间的境况融合在了诗里。

　　叶茵还写有一首题为《小垂虹桥》的七言古风:

冯夷掣开潜蛟锁，御云飞过松江左。

悬腰展鬣眠东湖，生绡描作垂虹图。

隐君骑背占空阔，百尺阑干景轩豁。

有亭翼然芙蕖开，风朝月夕尤佳哉。

柳边何曾官船来，回视驿桥多尘埃。

　　这小垂虹桥，清乾隆《吴江县志》编纂者在刊此诗前有一按语："小垂虹桥，按祝穆《方舆胜览》，吴江有小垂虹桥，在石塘垒石为之，即此也。诗中云'松江左'，'回视驿桥'，则其在石塘明矣。"石塘，即九里石塘，亦名至正石塘，即今吴江城区南郊运河西岸的运河古纤道，为世界文化遗产。

　　诗中的"冯夷"，传说中的黄河之神，即河伯，泛指水神；"隐君"，隐居的人。诗中又提到了隐居，与诗人自己的境况有剪不断、理还乱的关联。

# 宋伯仁情怀深厚咏垂虹

　　宋伯仁，南宋诗人、书画家，字器之，号雪岩，湖州（今属浙江）人，一说广平（今属河北）人，宋理宗嘉熙时为盐运使属官。工诗，善画梅。有《西塍集》《梅花喜神谱》《烟波渔隐词》等。

　　翻阅吴江方志，见有宋伯仁多首写吴江的诗。清乾隆《吴江县志》和《震泽县志》都刊载他的《烂溪》一诗：

> 几家篱落傍溪居，只看青山尽自如。
>
> 隔岸有桥多卖酒，小篮无处不提鱼。
>
> 何时茅屋人同住，旋买瓜田雨自锄。
>
> 寄语牧童休笑我，都缘错读半生书。

　　诗题中的"烂溪"，现称为江南运河中线，从浙江乌镇往东北，流经吴江的桃源、铜罗、南麻、坛丘、盛泽等地，至平望的竺光桥流入莺脰湖，与江南运河东线古运河相接。从诗中"隔岸有桥多卖酒"之句，可闻到地处烂溪之畔、著名酒乡铜罗（古称严墓）散发出来的阵阵浓烈酒香。

　　宋伯仁还写有一首题为《荷叶浦》的诗：

> 小船摇荡水中央，喜得归程近帝乡。
>
> 秋与荻花俱淡薄，地名荷叶素凄凉。

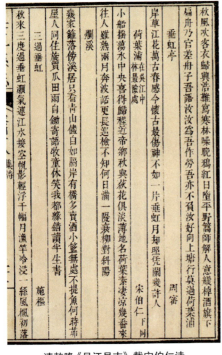

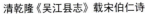

清乾隆《吴江县志》载宋伯仁诗

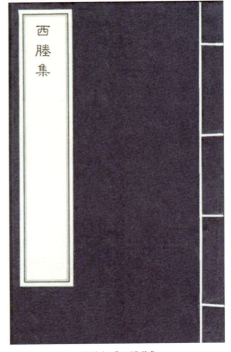

宋伯仁《西塍集》

几番来往人虽熟，两月奔波话更长。

巡检不知何日满，一堤衰柳对斜阳。

诗题中的"荷叶浦"，清乾隆《吴江县志》上载道："（同里）镇西，有北行支港，长十里，俗名长纤路，其出吴淞江处，即古所称荷叶浦也，今谓之荷叶嘴。"

宋伯仁写吴江桥的诗有两首，一为《吴江四桥》：

不独吴江第四桥，风波处处险如潮。

人心但得平如水，浪自滔天橹处摇。

诗题中的"吴江四桥"，即吴江第四桥，亦称甘泉桥。唐朝时桥畔有一股清泉时时喷出，"茶圣"陆羽前来品之为"天下四品甘泉"，故名第四桥、甘泉桥，亦称为南七星桥和小垂虹桥。

宋伯仁写垂虹桥的诗当然也有，是为《泊船吴江》：

> 垂虹一抹跨晴江，好解帆绳系矮桩。
>
> 水浸碧天天浸月，只消推起小篷窗。

宋伯仁为湖州人，后迁居杭州。嘉熙二年（1238），宋伯仁时年四十岁，有诗作《四十》，在宋伯仁的《西塍集》里，《四十》之后，便是《苏州有感》，是为：

> 秋意满姑苏，扁舟忆五湖。铃声边报急，帆影客心孤。
>
> 野港青如染，遥山澹欲无。英雄应念我，时事满银须。

这诗是宋伯仁到了苏州后而作，他从杭州到苏州，经过吴江，以上几诗，估计都为这期间所作。

宋伯仁还在《梅花喜神谱》中写到了垂虹桥下之水——吴江："品字列轻舠，占尽吴江雪。丁宁红蓼花，莫与利名说。"看来他的吴江情怀着实挺深的。

# 吴文英频频填词咏垂虹

吴文英《梦窗词集》

吴文英（约 1212—约 1272），南宋词人，字君特，号梦窗、觉翁，四明（今浙江鄞县）人，往来江浙间，曾为浙东安抚使吴潜幕僚，复为宗室赵与芮门客，知音律，能自度曲。其词或表现上层的豪华生活，或抒写感伤情绪，讲究字句工丽，音律和谐。晚清词人曾给予他较高的评价。有《梦窗词集》。

翻阅吴江籍辛亥革命风云人物陈去病编纂的《笠泽词征》，可见到吴文英多首吟咏垂虹桥的词。词题中点明垂虹桥（长桥）的就有三首。先来看《隔浦莲近·泊长桥过重午》这一首：

榴花依旧照眼，愁褪红丝腕。梦绕烟江路，汀菰绿，薰风晚。年少惊送远。吴蚕老，恨绪萦抽茧。

旅情懒，扁舟系处，青帘浊酒须换。一番重午，旋买香蒲浮盏。新月湖光荡素练。人散，红衣香在南岸。

此词写词人端午日泊舟在吴江垂虹桥，触景生情，借酒销愁，表达思念故土、亲人的情感。在词中，可见到不少吴江元素，"汀菰绿"中的"菰"，是吴江籍西晋文学家张翰在洛阳为官时，思念家乡的鲈鱼、莼菜、菰菜之一；"吴蚕老，恨绪萦抽茧"，吴江与苏州、杭州、湖州并称为"四大绸都"；"新月湖光"中的"湖"指的是太湖，垂虹桥西距太湖仅三里路，太湖可谓是吴江的母亲湖。

接着来看《十二郎》这一首，词前有小序云："垂虹桥上有垂虹亭，属吴江。"词曰：

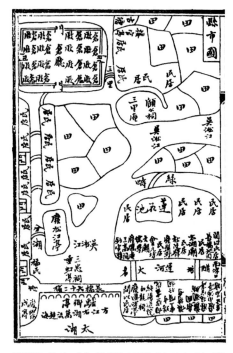

明弘治《吴江志》载"县市图"（左下方垂虹桥）

　　素天际水，浪拍碎、冻云不凝。记晓叶题霜，秋灯吟雨，曾系长桥过艇。又是宾鸿重来后，猛赋得、归期才定。嗟绣鸭解言，香鲈堪钓，尚庐人境。

　　幽兴。争如共载，越娥妆镜。念倦客依前，貂裘茸帽，重向松江照影。酹酒苍茫，倚歌平远，亭上玉虹腰冷。迎醉面，暮雪飞花几点，黛愁山暝。

此词盛赞垂虹桥及周边景物秀美，物产丰阜，足堪幽居，同时写词人故地重游，在垂虹桥上即景抒怀。词中"绣鸭解言"用了一个典故，宋代孔平仲撰写的笔记《谈苑》中说，陆"龟蒙性多，居笠泽"，有太监自长安出使杭州，途中一太监用弹打死了陆龟蒙所养的一只鸭。陆龟蒙大呼曰这鸭是欲贡奉给天子的能说话的鸭。太监很是惊骇，只得以许多金帛来作赔偿，以求息事。当问到鸭能说什么话时，陆龟蒙巧妙地回答说能"自呼其名"。鸭的叫声"鸭鸭"，正是自呼之声，却是一点也不为诳。

再来看《木兰花慢·重泊垂虹》：

醉清杯问水，惯曾见，几逢迎。自越棹轻飞，秋莼归后，杞菊荒荆。孤鸣。舞鸥惯，又渔歌、忽断晚烟生。雪浪阗消钓石。冷枫频落江汀。

长亭。春恨何穷，目易尽，酒微醒。怅断魂西子，凌波去杳，环珮无声。阴晴。最无定处，被浮云、多翳镜华明。向晓东风霁色，绿杨楼外山青。

此词写词人行舟重泊在垂虹桥时触景感怀，勾起对杭城亡妾的忆念，抒发与其的生离死别之情。

在词中写垂虹桥的也有两首。其一为《惜黄花慢》，词前有小序云："次吴江小泊，夜饮僧窗惜别，邦人赵簿携小伎侑尊，连歌数阕，皆清真词。酒尽已四鼓，赋此词饯尹梅津。"词曰：

送客吴皋，正试霜夜冷，枫落长桥。望天不尽，背城渐杳，离亭黯黯，恨水迢迢。翠香零落红衣老，暮愁锁、残柳眉梢。念瘦腰、沈郎旧日，曾系兰桡。

仙人凤咽琼箫，怅断魂送远，《九辩》难招。醉鬟留盼，小窗剪烛，歌云载恨，飞上银霄。素秋不解随船去。败红趁、一叶寒涛。梦翠翘，怨鸿料过南谯。

小序中的"邦人赵簿"，指同乡的赵姓主簿；"侑尊"，劝酒助饮兴；"清真词"，指北宋周邦彦（号清真居士）的词集；"尹梅津"，即尹焕，山阴（今浙江绍兴）人，嘉定十年（1217）进士，吴文英好友，曾为吴文英的《梦窗词集》作序，有《梅津集》。词中的"吴皋"，指吴淞江边；"红衣"，荷花瓣的别称；"沈郎"，指南朝政治家、文学家、史学家沈约；《九辩》，宋玉之作。此词为吟咏友人与其所恋之人的离别之作，词中用字颇为精妙。难能可贵的是，此词为垂虹桥描绘了一幅"枫落长桥"的秋景图。

其二为《声声慢》，词前有小序云："饯魏绣使泊吴江，为友人赋。"词曰：

旋移轻鹢，浅傍垂虹，还因送客迟留。泪雨横波，遥山眉上新愁。行人倚阑心事，问谁知，只有沙鸥。念聚散，几枫丹霜渚，莼绿春洲。

渐近香菰炊黍，想红丝织字，未远青楼。寂寞渔乡、争如连醉温柔。西窗夜深剪烛，梦频生、不放云收。共怅望，认孤烟、起处是舟。

词前小序中的"魏绣使"，绣使即绣衣使者，指奉命讨奸、治狱、督察的官员，魏绣使指词作者的友人魏方泉，淳祐六年（1246）任刑部侍郎。词中的"鹢"，指船头画着鹢鸟的船；"红丝织字"，语出《晋书·列女传》，即用红线织成回文诗。此词上阕写词人与友人魏绣使饯别时的惜别之情，下阕以友人妻子的口吻设想聚散两依依的离情别绪。此词对于吴江人来说，颇觉亲切，词首呈现了一幅"旋移轻鹢，浅傍垂虹"的吴淞江水景图。

# 周密撰文吟诗记垂虹

　　周密（1232—约1298），南宋文学家，字公谨，号草窗、蘋洲、四水潜夫等，原籍济南，后为吴兴（今浙江湖州）人。宋末曾任义乌令等职，宋亡不仕。其词讲求格律，风格在姜夔、吴文英两家之间，与吴文英（梦窗）并称"二窗"；曾写过一些慨叹宋室覆亡之作，诗文书画皆能，谙熟宋代掌故，著有《草窗韵语》《蘋洲渔笛谱》《武林旧事》《齐东野语》《癸辛杂识》《云烟过眼录》《浩然斋雅谈》等，编有《绝妙好词》。

　　周密祖籍济南，流寓吴兴（今浙江湖州），宋末德祐（1275—1276）年间为义乌县（今属浙江）令，宋覆灭，入元不仕，隐居太湖南岸、浙江湖州城西北的弁山，后家业毁于大火，移居杭州癸辛街（今杭州上城区清湖桥附近）。湖州、义乌和杭州都离吴江不远，因此周密对于垂虹桥及桥畔景物很是熟稔，不仅记有史事，撰有文章，还吟有诗歌。

　　他在史料笔记《癸辛杂识》中记载了一则关于吴江垂虹桥的史事："完颜亮（金朝第四位皇帝）窥江之时，步帅李捧建谋，欲断吴江长桥（即垂虹桥）以扼奔突。时洪景伯知平江（今苏州），以为无益，奏止之。既而又有建策于常熟福山一带多凿坑穽，以陷虏马……"

　　《齐东野语》是周密所撰的另一本史料笔记，里面有他的《三高祠记改本》，文中曰道：

　　　　三高祠，天下绝景也，石湖老仙一记，亦天下奇笔也。余尝见当时手稿，揩摩抉剔，如洗玉浣锦，信前辈作文不惮于改如此。因详书于此，与同志评之。记云："乾道三年二月，吴江县新作三高祠成……"不见初草，何以知后作之工，观前辈著述，而探其用意改定，思过半矣。攻愧有《读三高祠记诗》曰："三高之风天与高，三高之灵或可招。小山之后无此作，具区笠泽空寥寥。几从垂虹荡双桨，寓目沧波独悒怅。笔端不倒三峡流，欲遽招之恐长往。前身陶朱今董狐，襟袍磊落吞江湖。瑰词三章妙天下，大书深刻江之隅。我来诵诗凛生气，若有人兮在江水。扁舟独钓鲙鲈鱼，茶灶笔床归甫里。先生固是邱壑人，只今方迫功与名。谢公掩鼻恐未免，便看林薮生风云。他年事业满彝鼎，乞身归来坐佳境。不嫌俗士三斗尘，容我渔蓑理烟艇。"时范公方为吏部郎也。

文中的三高祠，祀吴越春秋时越国大夫范蠡、西晋大司马东曹掾张翰和唐代湖州、苏州刺史幕僚陆龟蒙，位于垂虹桥北侧的钓雪滩上，原在垂虹桥西堍底定亭南。

三高祠

"三高"之名始于宋熙宁三年（1070），吴江知县林肇将范蠡、张翰、陆龟蒙三人画像绘于鲈乡亭壁上。当时人认为，范、张、陆三人都洞悉世事，急流勇退，保持高风亮节，故称为"高士"。宋元祐（1086—1094）年间，王辟代行县令之事，建三高祠，并绘三人之像于墙上。后该祠历代多次重修、重建，清乾隆帝下江南来吴江时两度吟咏了此祠。清咸丰十年（1860）被毁。光绪（1875—1908）年间，松陵人吴仁杰等将祠改建在吴江西门外文昌道院东南隅之鲈乡亭旁。文中的"石湖老仙"，指南宋名臣、文学家范成大，范作有《三高祠记》。

周密为垂虹桥写的诗为《登垂虹亭二首》：

> 水国生涯一钓纶，荻芽鲈绘四时新。
> 安知白首沧洲客，不是三高行辈人。
>
> 岸草江花万古春，感今怀古最伤神。
> 不如一片垂虹月，却照凭阑几许人。

第一首诗中的"沧洲"，为滨水的地方，古时常用以称隐士的居处，这与周密在宋亡后隐居太湖南岸是相符的；"三高"，即是指吴江三高祠所祀的范蠡、张翰和陆龟蒙这三位高士。该诗表达了诗作者浪迹天涯、超然物外的心境和自负之意。

周密在第二首诗中，感慨今已非昔，抒发了亡国之恨和苍凉凄咽的故国之思。

# 郑思肖垂虹雨后观虹

郑思肖（1241—1318），南宋末年诗人、画家，连江（今属福建）人，曾以太学上舍生应博学鸿词试，元军南侵时，曾向朝廷献抵御之策，未被采纳，后客居苏州，寄食报国寺；原名不详，宋亡后改名思肖，因肖是宋朝皇帝之姓赵（繁体字：趙）的组成部分。南宋灭亡后，郑思肖榜其室曰"本穴世界"，将"本"字之"十"移出，置于"穴"字之中，即为"大宋"二字；字忆翁，表示不忘故国；号所南，日常坐卧，向南背北，以示不忘宋室；亦自称菊山后人、景定诗人、三外野人、三外老夫等。郑思肖擅长作墨兰，花叶萧疏而不画土，意寓宋朝土地已

郑思肖像

被掠夺，不画根，寓意宋朝失去国土根基。有诗集《心史》《郑所南先生文集》《所南翁一百二十图诗集》等，其诗表现出怀念宋室的感情；存世画迹有《国香图卷》《竹卷》等。

　　郑思肖的气节得到后人的景仰，浏览吴江方志，也可窥视之。以前，黎里古镇有一座祭祀明末清初名士徐枋的徐高士祠，由翰林院待诏徐达源于道光二十年（1840）建造，汝谐有诗曰："立身三不朽，配享四先生。画隐郑思肖，诗狂阮步兵。"其中第三句提到了郑思肖。清光绪《黎里续志》卷十三《集诗》刊载了近代民族英雄

林则徐的一首诗，题为《徐高士像册山民待诏属题》（山民即徐达源），诗的开头道："君不见天水遗民郑思肖，本穴画兰传笔妙"，"天水遗民"即赵宋遗民，"本穴画兰"即指郑思肖画兰之事。

郑思肖由于客居苏州，对吴江颇为熟悉，因此吟咏吴江的诗不少。其中吟咏垂虹桥的诗《吴江垂虹桥雨后观虹》颇为有名，为郑思肖的代表作之一，此诗为：

> 睡龙瞪目开，射光冯夷宫。翻身弄变化，噀水湿洪濛。
>
> 浪花卷寒雪，斜喷清冷风。雨歇龙归来，波心卧晴虹。
>
> 净洗秋色出，霁景涵青空。烁烁锦炫昼，新绿妒娇红。
>
> 湿香吹不飞，恋抱花心中。醉面仰天笑，月照三吴东。

清乾隆《吴江县志》载郑思肖《吴江垂虹桥雨后观虹》诗

《吴江垂虹桥雨后观虹》图（凌淦群绘）

诗中的"冯夷"，为传说中的黄河之神，泛指水神，"冯夷宫"指水晶宫；噀，含在口中而喷出。

郑思肖还有两首七绝，吟咏垂虹桥畔三高祠里所祀之古代高士张翰与陆龟蒙，较有名，一首题为《张翰思莼鲈图》，是为：

> 名爵虽荣心最苦，莼鲈有味食无厌。
>
> 后来京洛风尘暗，转觉吴淞江水甜。

另一首题为《陆龟蒙茶灶笔床图》：

> 笠泽往来无定期，煮茶垂钓醉吟诗。
>
> 一船清致终难画，不是散人应不知。

# 蒋捷垂虹亭里抒隐痛

蒋捷《竹山词》

蒋捷（约1245—1305后），字胜欲，号竹山，南宋词人，宋末元初阳羡（今江苏宜兴）人。先世为宜兴大族，南宋咸淳十年（1274）进士。南宋覆灭，深怀亡国之痛，隐居不仕，人称"竹山先生""樱桃进士"，其气节为时人所崇。蒋捷长于词，与周密、王沂孙、张炎并称"宋末四大家"。其词多抒发故国之思、山河之恸，风格多样，而以悲凉清俊、萧寥疏爽为主，尤以造语奇巧之作，在宋末词坛上独标一格，有《竹山词》。

说起蒋捷，不管是南方人，还是北方人，都会提起他的那首《一剪梅·舟过吴江》：

一片春愁待酒浇。江上舟摇。楼上帘招。秋娘渡与泰娘桥。风又飘飘。雨又萧萧。

何日归家洗客袍。银字笙调。心字香烧。流光容易把人抛。红了樱桃。绿了芭蕉。

蒋捷这首词大致作于南宋亡后，他飘零于姑苏一带太湖之滨的时期。元至元十三年（1276）春，元军攻破临安（今杭州），此后，蒋捷开始流浪，在流浪途中舟行流经吴江县的吴淞江时，表达自己内心的思乡之情和感伤国家的无奈之情。上阕起句交代了时序，点出"春愁"的主旨，表现出连绵不断的愁思。下阕将自己羁旅在外的思归之情上升为对年华易逝的感叹。

词中的"秋娘"，指杜秋娘，唐代诗人杜牧诗中写杜秋娘两过吴江渡；"泰娘"，《中吴纪闻》中云："泰娘，吴之美妇人也。刘禹锡《泰娘歌》诗云：'泰娘家本阊门西，门前绿水环金堤。有时妆成好天气，走上皋桥折花戏。'"词的最后两句"红了樱桃，绿了芭蕉"，使蒋捷多了"樱桃进士"这个雅号。

蒋捷为吴江填的《贺新郎·吴江》也系他在宋亡以后漂泊东南时期的作品，词中主旨在于借垂虹桥上垂虹亭抒发自己在宋亡之后无处容身的隐痛，此词为：

> 浪涌孤亭起。是当年，蓬莱顶上，海风飘坠。帝遣江神长守护，八柱蛟龙缠尾。斗吐出、寒烟寒雨。昨夜鲸翻坤轴动，卷雕翚，掷向虚空里。但留得，绛虹住。

> 五湖有客扁舟舣。怕群仙，重游到此，翠旌难驻。手拍阑干呼白鹭，为我殷勤寄语。奈鹭也，惊飞沙渚。星月一天云万叠，览茫茫，宇宙知何处。鼓双楫，浩歌去。

词上片"浪涌孤亭起"，起得突兀奇谲，显出了垂虹亭的气势，在词人眼里，"是当年，蓬莱顶上，海风飘坠"。这仙山上飘来的亭子，由"帝遣江神长守护"，八根柱子上有八条蛟龙环绕，喷烟吐雨。"昨夜鲸翻坤轴动，卷雕翚，掷向虚空里"，这"鲸"便是元兵，元兵于德祐元年（1275）攻宋，据清乾

清康熙《吴江县志》载"县郭图"（左下方为垂虹桥）

隆《吴江县志》载，是年，垂虹桥"毁于兵"。

下片写有客从太湖里驾着小舟来至垂虹桥，"怕群仙，重游到此，翠旌难驻"，词人想借白鹭为群仙报信，但白鹭也被惊飞。"星月一天云万壑，览茫茫，宇宙知何处？"词写至此，亡国之痛的真情完全吐露了出来。"鼓双楫，浩歌去"，词人在入元之后，始终不肯出仕，终老竹山，展现了遗世独立的风貌。

# 张炎重过垂虹

　　张炎（1248—1314 后），南宋词人、词论家，字叔夏，号玉田，晚年号乐笑翁，临安（今浙江杭州）人，张俊六世孙；宋亡，北游元都，失意南归。其词用字工巧，追求典雅，早年多反映优游生活，宋亡后则多追怀往昔、抒写哀怨之作，尤长于咏物词，所作《南浦·春水》《解连环·孤雁》二阕盛行一时，世称"张春水""张孤雁"；又曾致力于词学研究，对词的音律、技巧、风格，皆有论述。有《山中白云词》及论词专著《词源》。

　　在词界，说张炎是宋词的最后一位重要作者，一般选宋词的书，选到最后，就得选张炎，讲到最后，也得讲张炎。可以说在宋词这支柔丽的长曲中张炎的词是最后一个音节，是最后一声歌唱。由于他的词寄托了乡国衰亡之痛，备极苍凉，可以说他的声音就是南宋末期的时代之声。

　　翻阅词著，可看到张炎为吴江垂虹桥写了两首词，其中之一便是《声声慢·重过垂虹》，既是"重过"，那在填这首词之前，肯定已来过，至于初过之时填没填词还是填了已散佚，则不得而知了。声声慢之用韵有仄声，也有平声，张炎这首词用的是平韵，为：

　　　　□声短棹，柳色长条，无花但觉风香。万境天开逸兴，纵我清狂。白鸥更闲似我，趁平芜，飞过斜阳。重叹息，却如何、不□梦里黄粱。
　　　　一自三高非旧，把诗囊酒具，千古凄凉。近日烟波，乐事尽逐渔忙。山横洞庭夜月，似潇湘，不似潇湘。归未得，数清游，多在水乡。

　　上阕中"清狂"，放逸不羁之意；"平芜"，指草木丛生的平旷原野；"梦里黄粱"，即黄粱梦之典故，《枕中记》中载道：卢生在梦中享尽荣华富贵，等到醒来，主人蒸的黄粱还没熟，故称黄粱梦，以喻虚幻不实之事；下阕中"一自"，犹言自从；"三高"，指垂虹桥畔的三高祠，祀范蠡、张翰和陆龟蒙；"诗囊"，贮放诗稿的袋子；洞庭：指太湖。

　　上阕以吴淞江上的小船，江岸边的柳枝、白鸥、旷野、斜阳等动静景物，描绘了一幅清雅恬静的垂虹桥景图，这里"无花但觉风香"，"万境天开逸兴"，任词人放飞逸兴，然而，词人重又叹息，原来呈现在眼前的是"梦里黄粱"。下阕说自从三高祠不是旧日模样，背着诗囊，把着酒具，也"千古凄凉"；只有那"近日"的"烟波"，在"乐事尽逐"渔捕之忙；垂虹桥西边的洞庭湖山夜月，好似潇湘，但又不似潇湘。词的最后，词人叹道，归家不得，只能在这吴地水乡清游。

　　综观张炎这首词，其情调与他在宋亡后，北游元都，失意南归，常追怀往昔、抒写哀怨是相当吻合的。但在叹息声和凄凉里，词人也将垂虹桥和太湖的景色如实地呈现在了读者面前。

　　张炎在《台城路·送周方山游吴》中也写到了垂虹桥，该词为：

　　　　朗吟未了西湖酒，惊心又歌南浦。折柳官桥，呼船野渡，还听垂虹风雨。漂流最苦。况如此江山，此时情绪。怕有鸱夷，笑人何事载诗去。

　　　　荒台只今在否？登临休望远，都是愁处。暗草埋沙，明波洗月，谁念天涯羁旅。荷阴未暑，快料理归程，再盟鸥鹭。只恐空山，近来无杜宇。

　　词中的"折柳"，古代地理书《三辅黄图》中曰道："灞桥在长安东，跨水作桥，汉人送客至此桥，折柳赠别。"当年，张炎送周方山（周暕，字伯阳，号方山，自署识字耕夫，江苏泰州人）去游吴地，在送别之时，想到了吴江的垂虹桥，因此，在"呼船野渡"之时，"还听垂虹风雨"。由此看来，在张炎的心目中，垂虹桥的位置是颇高的。

元代

# 张显祖易石重建长桥

元泰定元年（1324）冬天，吴江州州判张显祖来到吴江上任。他知晓修长桥是吴江的第一要务。但工程巨大，资金从何而来？正巧僧人崇敬来吴江。崇敬说以木料修桥不能保持长远，改用石料建桥才能经久不坏。此时，参知政事马思忽因督运来到吴江，认为可采用崇敬法师的意见。马思忽询问了张显祖的筹备情况后带头捐了款。崇敬又说修建长桥应谨慎，考虑周全，任用妥当之人，并推荐浙江嘉兴善士姚行满来担当此任。

姚行满来吴江后，经过详细测算，绘出图纸，大家看了，都同意他的施工方案，于是参政委派郭鹏翼来任郡守。正要开工，丞相答剌罕回京师路经吴江，郡守向他禀报了拟改建长桥之事，

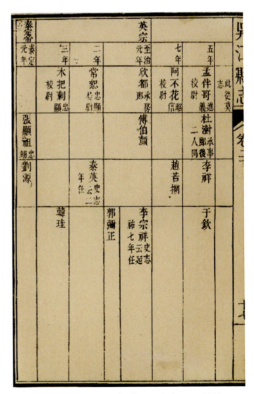

清乾隆《吴江县志》载张显祖任吴江州判

丞相说"吾必首倡"，随即捐钱万缗，此后府、州官吏士民纷纷捐资；平章政事高贯由湖广、江西到江浙，经吴江时力嘱张显祖务必要将桥修建好。吴江盛泽籍进士王

朝臣受张显祖之聘，具体负责重建长桥，为加固桥梁，他捐购了一百九十六个铁锔。

元泰定二年（1325）闰正月，姚行满主持开工，易石重建长桥。至翌年二月，石桥建成，长一千三百余尺，为六十二孔，每孔环若半月，用铁锔八条，每条长十三尺，重四斤，水底先布以杪枋为基础，以防倾圮。桥设有三大孔，以便大船通过。桥的栏杆等构件上饰有狻猊、赑屃等吉祥之物，桥心旧有垂虹亭，一并修复。

桥成之日，请浙江四明人、参知政事袁桷写了《重建长桥记》。袁桷在记快要结束时总结道："是役也，敬师鸠徒，输财实三之二。"说在这次易石重建长桥工程中，僧人崇敬和他的徒弟们出资数占到建桥总费用的三分之二；"姚总其纲，张君首议，出于政事有吻合，而是州兴役见知于丞相，诚出大幸"，说州判张显祖首先提议修建长桥，姚行满担任工程的总负责，与政事颇为吻合；这次工程让丞相知悉而得以成功，实是一大幸事。在记的最后，袁桷还写了一首四言诗，诗前说，现今长桥下南来北往的舟船相连，两岸的驿使来自四面八方，都说"丞相谋猷经远，张君美绩由是得书，将永远无极"，诗中又吟有"张君莅官，饰我以政""张君筹思，相国成之"等句，对张显祖易石重建长桥的功绩作了很高的评价。

# 善住出新咏垂虹

　　善住，元代高僧，字无住，别号云屋，曾居苏州报恩寺，往来于吴淞江上。著有《安养传》，又工诗，与仇远、白挺、虞集、宋无等人往返酬唱。其诗在元代诗僧中首屈一指，有《谷响集》行世。

　　由于善住曾居苏州报恩寺，离吴江颇近，加上他往来于吴淞江上，故他与吴江的交集颇多。翻阅吴江方志，出现善住名字的地方有好几十处，不是刊载他的诗，就是在运用他的诗。

　　清乾隆《吴江县志》上刊载了他六首诗。《合路道中》诗为：

　　　　此路何年有，扁舟几度过。晚烟青草岸，春雨白鸥波。
　　　　野寺楼台小，江村花柳多。客怀无可奈，谁唱采菱歌。

　　写的是盛泽镇北、古运河旁的黄家溪，该地具有悠久的历史，在盛泽有"先有黄家溪，后有盛泽镇"之说。唐宋时，这里名合路村。

　　《车溪道中》二首，分别为：

　　　　苇白茅黄溪水清，倚篷闲看浪鸥轻。
　　　　板桥横处人家少，修竹参天落照明。

　　　　客里蹉跎岁欲阑，水边杨柳尚平安。

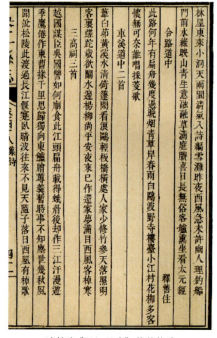

清乾隆《吴江县志》载善住诗

明弘治《吴江志》载"县市图"（左下方垂虹桥）

　　夜来已作还家梦，满目西风客棹寒。

　　诗题中的"车溪"在盛泽镇东南。

　　另外三首是写垂虹桥畔的三高祠，该祠原在垂虹桥西堍底定亭南，后移建于垂虹桥北侧的钓雪滩上，这三首诗为：

　　　　越国谋臣吴国仇，如何庙食此江头。
　　　　扁舟载得蛾眉后，却作三江汗漫游。

　　　　季鹰倦作东曹掾，千里思归独向东。
　　　　鲈脍莼羹暂时事，不知尘世几秋风。

闻说松陵此渡过，长江偃蹇卧晴波。

往来不见天随子，落日西风有棹歌。

　　三诗分别写春秋时越国大夫范蠡、西晋文学家张翰和唐代高士陆龟蒙。第一首在当时颇有新意，说范蠡是越国的谋臣，与吴国有仇，帮助越王勾践实施"美人计"灭亡了吴国，吴江吴淞江畔、垂虹桥头是吴国的地方，怎么在庙里供奉昔日的仇敌呢？这一见地，在以后的吴江方志上多有运用。第二首中的"东曹掾"，指张翰在京洛为官时曾任大司马东曹掾。第三首中的"长江"，指吴淞江，古称吴江、松江等；"偃蹇"，委曲宛转的样子；"天随子"，是陆龟蒙的号。

　　明弘治《吴江志》上也载有一首善住写三高祠的诗，为《送三高祠主奉》：

空泽光犹远，余辉及后人。诸孙奉祠祀，千载继芳尘。

钓艇烟波阔，江桥栋宇新。圣明今在上，此去莫垂纶。

诗中的"江桥"，当指吴淞江和江上的垂虹桥。

　　明弘治《吴江志》上还刊有一首《舟次吴江》，又写到了垂虹桥：

客路渺无际，崎岖何日平。积烟迷远树，残照下荒城。

水宿先归港，朝行暗计程。长桥知渐近，笳鼓隔林鸣。

诗题"舟次吴江"，意谓船停在吴淞江边；诗中的"长桥"，即垂虹桥；"笳鼓"，指笳声与鼓声。

# 徐再思曲吟垂虹月

徐再思像

徐再思（约1280—1330），字德可，生性好食甘饴，故号甜斋，嘉兴（今属浙江）人，元代著名散曲家，作品多写悠闲生活与闺情春思，与张可久为同时代人，曾任嘉兴路吏。今存其所作散曲小令一百余首，作品与当时自号酸斋的贯云石齐名，称为"酸甜乐府"。近代任讷将二人的散曲合为一编，称作《酸甜乐府》，收有徐再思的小令一百零三首。

徐再思家乡嘉兴与吴江毗邻，故他对于吴江的名胜颇熟。明弘治《吴江志》上刊有他所作散曲《普天乐·松陵八景》。关于松陵八景，《吴江志》编纂者莫旦云道：

吴江旧有八景，题曰："平湖落雁、太湖春波、洞庭白云、垂虹夜月、华严晓钟、海云夕照、夹浦归帆、龙庙甘泉"，又有"雪滩独钓、塔寺钟声、简村远帆、直溪春水"等题，莫知何人所定，略见于赋咏，然大同小异，未免得此失彼，今为囊括定为八题："一曰具区云涛，二曰鲈乡烟雨，三曰垂虹夜月，四曰塔寺朝阳，五曰西山爽气，六曰龙湫甘泉，七曰简村远帆，八曰雪滩钓艇。"

徐再思所写的散曲《松陵八景》分别为：垂虹夜月、龙湫甘泉、简村远帆、雪滩独钓、太湖春波、洞庭白云、华严晚钟、海云夕照。其中《垂虹夜月》是直接写垂虹桥，《雪滩独钓》和《华严晚钟》则写垂虹桥旁侧景观的。

先来看《垂虹夜月》：

　　玉华寒，冰壶冻。云间玉兔，水面苍龙。酒一樽，琴三弄。唤起凌波仙人梦，倚阑干满面天风。楼台远近，乾坤表里，江汉西东。

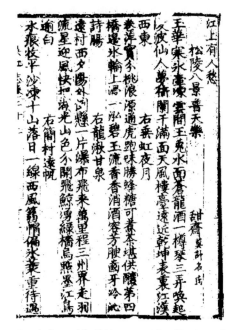

明弘治《吴江志》载徐再思（甜斋）《松陵八景》

垂虹桥横跨江湖之间，延袤一千三百余尺，下有六十二洞，三起三伏，宛若长虹，垂虹亭翼然桥心，夜色来临，明月当空，倒影于水，幽人会亭，"何异广寒之宫清虚之府也"。曲中的"玉华"，喻月亮的光芒；"冰壶"，喻指月亮；"玉兔"，也指月亮，古代神话传说中称月宫里有玉兔；"苍龙"，喻指垂虹桥；"江汉"，分别指垂虹桥下之水吴淞江和天上的银河。阅此曲，颇具诗情画意：月光清寒，盛冰的玉壶皎洁明净。明月出没在云间，垂虹桥如苍龙横卧水面。美酒一樽，瑶琴三弄。仙女们踏着碧波款款而来，扶依着阑干任天风拂面。远处和近处的亭

明弘治《吴江志》载"垂虹夜月"（图中）

台楼阁参差错落，天地辽阔，表里相依，天上银河和人间松江纵横西东。

接着来看《雪滩独钓》：

> 水痕收，平沙冻。千山落日，一线西风。箬帽偏，冰蓑重。待遇当年
> 飞熊梦，古溪边老了渔翁。得鱼贯柳，呼童换酒，醉倚孤篷。

雪滩即钓雪滩，位于垂虹桥东北侧，濒临京杭大运河，是古吴淞江南岸的滩涂。以前，这里芦蒿丛生，是垂钓的好去处，文人雅士冬日多于此垂钓，由此得名钓雪滩。宋代庆历（1041—1048）年间筑垂虹桥后，此滩上曾先后建有大冶令王份的别业曜庵、状元黄由的别业盘野和祭祀范蠡、张翰、陆龟蒙的三高祠等。曲中"飞熊梦"，即典故成语"飞熊入梦"，出自《史记·齐太公世家》，原指周文王梦飞熊而得姜子牙，后比喻圣主得贤臣的征兆。

徐再思之后，明代名臣周忱有《雪滩独钓》诗：

> 剡曲兴方尽，灞桥诗思阑。
> 梅梢露晴月，天地浩漫漫。
> 放歌独何事，垂纶漾清湍。

明代吴江籍诗人曹孚也有《雪滩独钓》诗：

> 雪飞滩上晴，水流滩下平。
> 往来人断绝，独有钓舟横。

结合徐再思的曲读来，觉有异曲同工之妙。

再来看徐再思的《华严晚钟》：

> 斗杓低，潮音应。菩提玉杵，虩虩金声。蝶梦惊，龙神听。夜半高僧
> 回禅定，诵琅函九九残经。谯楼鼓歇，兰舟缆解，茅店鸡鸣。

"华严"，指华严塔，其所在是华严寺，全称为宁境华严讲寺，在垂虹桥东南堍。初时，其规模为"周围四十五亩"，由南朝梁卫尉卿陆瓒舍庄基而建，彼时名华严院。宋元祐四年（1089），里人姚得瑄施钱四十万缗建华严塔，为七级，高十三丈，形制方形，故名方塔。建炎（1127—1130）年间，华严塔毁于兵。那时，与华严院相邻的有宁境院，绍兴五年（1135），僧从了将二院合而为一，赐额"宁境华严讲寺"，俗称华严寺，寺中之塔即华严塔。

曲中的"斗杓"，斗为星名，杓即斗柄，北斗七星的第五至第七颗；"潮音"，指华严寺内僧众诵经之声；"菩提"，佛教中指觉悟的境界；"玉杵"，玉制的春杵；"赑屃"，古代神话传说中龙之九子之一，又名霸下、龟趺等，形似龟，好负重，长年累月驮着石碑，象征长寿吉祥；"金声"，指钟声；"琅函"，指道书。

该曲用了大部分篇幅，主要从声觉方面描述了华严寺的钟声和诵经之声，最后三句则写了华严寺及周边的凌晨景象，谯楼打更的鼓声歇了，吴淞江里的兰舟解缆开拔了，草屋里的鸡鸣了。细观之，这三句中的两句也是从听觉上来写的。明代周忱也为华严寺写了一诗：

缁宇隔尘寰，旦暮钟声度。
韵随仙梵微，音与闲云去。
孤艇泊枫桥，闻之发深悟。

其写作手法，堪与徐再思的曲同出一源。

# 乔吉散曲妙绘垂虹桥

乔吉像

乔吉（约 1280—1345），元代散曲家、杂剧家，字梦符，号笙鹤翁，又号惺惺道人，太原（今属山西）人，后居杭州；一生怀才不遇，寄情诗酒，倾其精力创作散曲、杂剧。其散曲风格清丽，与张可久并称为元散曲两大家。杂剧作品见于《元曲选》《古名家杂剧》《柳枝集》等；散曲作品据《全元散曲》所辑存小令两百余首，套曲十一首，有今人辑本，名《梦符散曲》。

乔吉一生浪迹江湖四十年，曾流寓杭州，也到过苏州，有《折桂令·登姑苏台》：

百花洲上新台，檐吻云平，图画天开。鹏俯沧溟，蜃横城市，鳌驾蓬莱，学捧心山颦翠色，怅悬头土湿腥苔。悼古兴怀，休近阑干，万丈尘埃。

全曲想象丰富且感情沉郁凝重，含义深远，耐人寻味。

吴江在苏杭之间，乔吉当也到过，故留有二曲。一首为《红指甲赠孙莲哥时客吴江》：

> 冰蓝袖卷翠纹纱，春笋纤舒红玉甲，水晶寒浓染胭脂蜡。剖吴橙吃喜煞，锦鱼鳞冷渍珠砂。数归期阑干上画，印开元宫额上揩，托香腮似几瓣桃花。

另一首便是写垂虹桥的《水仙子·吴江垂虹桥》：

> 飞来千丈玉蜈蚣，横驾三天白蝴蛛，凿开万窍黄云洞。看星低落镜中，月华明秋影玲珑。赑屃金环重，狻猊石柱雄，铁锁囚龙。

清乾隆《吴江县志》载利往桥

曲中的"玉蜈蚣"和"白蝴蛛"，均为比喻垂虹桥；"三天"，泛指天空；"洞"，指桥上的桥洞；"赑屃"，传说中的一种动物，杨慎《龙生九子》："一曰赑屃，形似龟，好负重，今石碑下龟趺是也。"；"狻猊"，狮子的古称。

这支曲子描写垂虹桥的桥貌和桥下吴淞江的水景，气势雄健，想象奇特，描写细致。开头三句说，桥身像天外飞来了千丈玉蜈蚣，又好像横架于长空碧天的白虹，桥洞仿佛被喷吐着黄云的波澜凿开。接下来两句则细致地描写在桥上看到的景物：星星在桥下江水中明明灭灭地闪烁；秋空的明月在流波荡漾中辉映。垂虹桥不仅有气势雄伟的一面，也有娇媚温柔的一面。最后三句说赑屃身上的金环是多么的厚重，石柱上的狻猊是多么的威风，它们都在桥上镇守住滔滔东流的大江。综观全曲，作者以非凡的笔力，描绘了一幅气势磅礴、秀丽隽美的画面，向人们展现了垂虹桥的怡人美景。

# 萨都剌三诗咏垂虹

直斋公遗像

萨都剌像

萨都剌（约1300—？），字天锡，号直斋，回族，元代著名诗人、画家。其先世为西域人，出生于雁门（今山西代县），泰定四年（1327）进士，授应奉翰林文字，擢南台御史，以弹劾权贵，左迁镇江录事司达鲁花赤，累迁江南行台侍御史，左迁淮西北道经历，晚年居杭州。萨都剌善绘画，精书法，文学创作以诗歌为主，内容以游山玩水、归隐赋闲、慕仙礼佛、酬酢应答之类为多，富有生活实感，描写细腻，贴切入微，也有些作品反映民间疾苦，还有些诗反映了人民向往和平的愿望。诗风清丽俊逸，文辞雄健，间有豪迈奔放之作。

至顺二年（1331），萨都剌被调往江南，担任江南行台侍御史一职，晚年在杭州一带居住，因此来过吴江，作了不少吟咏吴江的诗。翻开明清吴江方志，可见到他的《阻风宿吴江无碍寺》、《平望驿道》（又作《过吴江》）、《复题平望驿》等，他尤其钟情于垂虹桥，写了三首诗，其一是《垂虹桥》：

插天蝲蛛势嵯峨，
截断吴淞一幅罗。
江北江南连地脉，
人来人往渡天河。
龙腰撑出渔舟去，
鳌背高驰驷马过。
桥上青山桥下水，
世人曾见几风波。

　　这首诗形容垂虹桥像天上的虹霓，突兀峻险，气势宏伟，把绮罗似的吴淞江截断。垂虹桥地处京杭大运河与吴淞江交界口，堪为交通要道，桥下有渔舟出没，桥上有驷马奔驰。萨都剌以北方诗人的眼光来看江南水乡长桥，叹为一大奇观。

　　其二是《中秋前二夜，步至吴江垂虹桥，盥漱湖渚而归，倚篷望月，清兴翛然，因成数语》：

清乾隆《吴江县志》载萨都剌《垂虹桥》诗

万顷太湖风浪静，玻璃倒浸虹霓影。
瀼瀼露滴金波流，一笻独立秋云冷。
步回长啸倚篷窗，月华正在青霄顶。

此诗以颇为细腻的笔法描绘了一幅垂虹桥的仲秋朗月夜景图。

　　其三是《题钓雪滩》：

钓雪滩头暂倚舟，晴虹千尺饮长流。

吐吞日月天无际，出没鱼龙地欲浮。

济世谁当扶砥柱，乞身吾盍老沧州。

裁书为问天随子，杞菊荒来又几秋。


诗中的"钓雪滩"，就在"晴虹千尺饮长流"的垂虹桥东北侧，濒临京杭大运河，是古吴淞江南岸的滩涂，以前这里芦蒿丛生，是垂钓的好去处。说到垂钓，萨都剌在《阻风宿吴江无碍寺》这首诗中写到了，诗中有句云"我欲弃官来钓雪，谁能作赋共登楼"，将他的诗体现归隐赋闲、钟情山水的这一特色充分地展露了出来。

# 倪瓒与垂虹桥的因缘

倪瓒（1301—1374），初名倪珽，字泰宇，别字元镇，号云林子、荆蛮民、幻霞子，无锡（今属江苏）人，元末明初画家、诗人，擅画山水和墨竹，师法董源，也受赵孟頫影响，早年画风清润，晚年变法，平淡天真；书法从隶书入，有晋人风度；亦擅诗文，意格高尚；明洪武七年（1374）卒，时年七十四岁。倪瓒与黄公望、王蒙、吴镇合称"元四家"。存世作品有《渔庄秋霁图》《六君子图》《容膝斋图》和《清閟阁集》。

倪瓒像

明清的吴江方志将倪瓒列为寓贤记述。清乾隆《吴江县志》对他推崇备至，称他"诗书清绝，为世所珍"，寓居吴江时"士大夫争延致之"，还引用明代张景春所撰《吴中人物志》中语叙说倪瓒在元代末年，卖田得千百缗，全部赠予元代诗文家、词曲家、书画家张伯雨，乃扁舟浮江湖，依附僧房道馆，寓居吴江松陵，与陆静远、虞胜伯为友。

倪瓒与垂虹桥也有着颇深的因缘，其事有三。一是倪瓒"好洁，喜焚香"：张士诚据姑苏后，几次招致他，他逃入渔舟以免。张士诚之弟张士信用钱来买他的画，他又斥之而去。张士信很是恼恨，派人来抓捕倪瓒。他日，倪瓒乘船来到垂虹桥下，

清乾隆《吴江县志》载倪瓒

抓捕他的人闻到异香出自葭苇之间，疑是倪瓒，于是循香搜寻，到得渔船上，他果然在里面。二是他寓居吴江时，除居在同里外，便是住在垂虹桥畔的华严寺里。三是他作有《垂虹亭》诗：

> 墟阁春城外，澄湖暮雨边。
> 飞云忽入户，去鸟欲穷天。
> 林屋青西映，吴松碧左连。
> 登临感时物，快吸酒如川。

从此诗中，可感受到倪瓒的境遇和心境。倪瓒散财以求避祸，但散财后家庭的变故接踵而来。元至正十四年（1354），其妻蒋氏皈依佛门。此后张士诚兵入姑苏，倪瓒四处飘零避乱，倍尝艰辛。此诗正为他晚年流寓吴江时所作，其第七句"登临感时物"透露出作者满怀愁绪而又无可奈何的伤感之情，那何以解愁呢？诗的最后一句"快吸酒如川"，说出了答案。

# 张以宁维舟垂虹桥

张以宁（1301—1370），元末明初著名诗人、文学家，字志道，古田（今属福建）人，家居翠屏峰下，故自号翠屏山人，泰定进士，官至翰林侍读学士。入明，复授翰林侍读学士，知制诰兼修国史。明洪武二年（1369）秋，奉命出使安南（今越南）。次年，卒于归国途中。有俊才，尤工诗，高雅俊逸，擅名于时，人称翠屏先生。有《翠屏集》等。

张以宁像

翻阅吴江方志，张以宁为吴江既留下了文，又传下了诗。明弘治《吴江志》刊载张以宁所撰之文《送奚子云归吴江州序》。该文开篇曰道：

> 余佐黄岩日，善进士曲阜孔君世平，己巳之冬，乘船适吴江，君倅是州，觞余，登垂虹，履明月，斫鲈醢，酒醉则歌范成大三高堂招隐词，引睇而望，水云晻霭，飞鸿明灭，意昔鸱夷子及吾家季鹰、唐天随子皆仙而不死，尝往来其间……

文题中的"奚子云"，清康熙《吴江县志·古迹》载道，奚子云字士龙，元末人，"有名于时"，吴江有奚子云的归隐之处，曰"半野轩"；"吴江州"，吴江自后梁开平三年（909）置县后，一直为县，元元贞二年（1296），吴江以户计，升为中州（五万至十万户），明洪武二年（1369），吴江仍为县。

张以宁在文中说道，他于己巳（元天历二年，1329年）冬天，乘船到了吴江，饮酒之余，登上了垂虹桥桥心的垂虹亭，观赏了垂虹夜月，品尝了吴江特产鲈鱼脍，酒醉后吟唱范成大的三高堂招隐词，并举目而望四周之景，怀吊吴越春秋越国大夫范蠡、西晋大司马东曹掾张翰和唐代高士陆龟蒙等先贤。从此文中可知张以宁在他快而立之年时来过垂虹桥。他为垂虹桥写的《过吴江州》一诗有可能就在此时而写。该诗为：

> 三高堂下绿蘋风，十载维舟两鬓蓬。
> 范蠡无书留越绝，张翰有梦到吴中。
> 云开笠泽浮珠阙，月出长桥动彩虹。
> 长忆故人心断绝，五羊南去少飞鸿。

诗中的"三高堂"，即三高祠，三高祠，祀范蠡、张翰和陆龟蒙，最初在垂虹桥西堍底定亭南，后移至垂虹桥北侧的钓雪滩上；"十载维舟两鬓蓬"，从这诗句看来，张以宁的《过吴江州》也可能是在天历己巳年（1329）的十年之后重来吴江时所写，因元至元六年（1340）春，步入不惑之年的张以宁由潞、卫二河会合处的直沽（今天津市内狮子林桥西端旧三汊口一带）沿大运河南下，至扬州，经常州、平江（今苏州）、嘉兴、杭州、建德、衢州、信州等地，而归福建故里，途中经过吴江，而维舟（泊船）垂虹桥畔，写下了《过吴江州》一诗。

诗中"越绝"，指《越绝书》，成书于汉代，是记载我国早期吴越历史的重要典籍，书名曰"绝"，今人考证，当为上古越语"记录"的译音；"张翰有梦到吴中"，指张翰在秋风起时思念家乡的莼鲈与菰菜而回归故里吴中；"笠泽"，指太湖；"珠阙"，即"珠宫贝阙"，形容建筑华丽；"长桥"，即垂虹桥；"五羊"，广州的代称，民间传说广州五仙观，初有五个仙人，皆持谷穗，一茎六出，乘五羊而至，遗穗与广人后，忽飞升而去，羊留了下来化为石，广人因即其地祠之。

从该诗尾联中句"长忆故人心断绝"，可看出作者多年未归家乡而思念故人的殷殷之情。

# 周南老吟亭咏祠诵垂虹

　　周南老（1301—1383），元末明初人，字正道，自号拙逸老人。祖籍道州（今湖南省道县），后徙吴县（今江苏苏州）。元至正时以荐永丰教谕，随后任当涂县教谕，改吴县主簿，后进两浙盐运司知事、江浙行省理问。明初，征赴太常议礼。有《拙逸斋稿》《姑苏杂咏》等。

　　周南老是苏州人，而苏州离吴江只有三十几里路，故多次来吴江。翻阅吴江方志，见他写的诗颇多，有《苦酒城》《顾野王墓》《太湖》《越来溪》等，写垂虹桥和垂虹桥周边景观的有好几首。

　　先来看《松江亭》这一首：

> 虚亭驾垂虹，宛在水中沚。江湖界左右，阑槛俯清沘。
> 疏帘动秋碧，遥山吟暮紫。凭虚际空阔，应接殊未已。
> 渔歌忽互答，声落烟波里。扁舟去遥遥，可是鸱夷子。

　　诗题中的"松江亭"，即吴江亭，昔人以松江、吴江互称，苏舜钦《中秋夜吴江亭上对月》诗中有"古今共传惜今夕，况在松江亭上头"之句，明嘉靖五年（1526），吴江知县王纪在垂虹桥南隙地上改建，松江亭位于垂虹亭和鲈乡亭二亭之间。

　　诗中"虚亭"，指松江亭；"垂虹"，指垂虹桥；"沚"，指水中的小陆地；"清沘"，指清澈的吴淞江水；"遥山"，指太湖中诸峰；"鸱夷子"，即春秋时越国大夫范蠡。作者在这首诗里，通过对亭、桥、江、湖、山、船等景物的视觉描写，佐以渔歌之

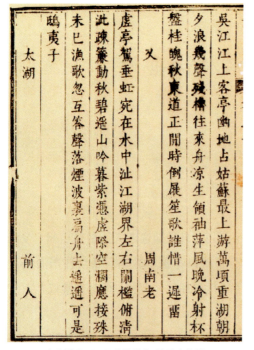

清康熙《吴江县志续编》载周南老诗　　　　明弘治《吴江志》载周南老《鲈乡亭》诗

声的听觉描写，描绘了一幅垂虹桥及周边景物的怡人画卷。

　　继来看《三高祠》这一首：

> 吴灭事已济，轻舟归五湖。洛下弃印归，千里怀莼鲈。
>
> 甫里乐甘遁，自比涪翁渔。遭时固先后，志操同一趋。
>
> 三贤凛高节，愧彼名利徒。万古垂虹月，清光炯冰壶。

　　诗题中的"三高祠"，祀吴越春秋时越国大夫范蠡、西晋大司马东曹掾张翰和唐代高士陆龟蒙，最初在在垂虹桥西堍底定亭南，后位于垂虹桥北侧的钓雪滩上。诗的前两句写范蠡，第三、四句写张翰，第五、六句写陆龟蒙。第七至十句，统写三人。诗的最后，写到了"垂虹月"，既写景，又表达了作者对范、张、陆这三人的景仰之情。

再来看《鲈乡亭》这一首：

> 吴江鱼米乡，秋鲈味偏剩。步兵不耐官，千里动归兴。
> 知余想请致，冰玉同辉映。系舟未忍去，悠悠发孤咏。
> 雅哉林屯田，作亭名始称。乐只鲈之乡，自悦鱼鸟性。

诗题中的"鲈乡亭"，旧在垂虹桥西塊河边，明成化八年（1472），知县王迪在垂虹桥南叠石拥土，重建鲈乡亭，清光绪十年（1884），松陵人国子监祭酒吴仁杰在吴江西门外文昌道院梓潼观旁重建鲈乡亭。

诗的第三、四句中的"步兵"，指西晋文学家张翰，纵任不拘，时人号其为"江东步兵"。第七、八句写北宋参知政事陈尧佐，他舟过吴江，作了一首题为《吴江》的诗："平波渺渺烟苍苍，菰蒲才熟梅柳黄。扁舟系岸不忍去，秋风斜日鲈鱼乡。"使吴江在张翰《秋风歌》的基础上，得了"鲈乡"这一个雅称。

诗的第九、十句写林肇，林肇系乌程（今浙江湖州）人，宋熙宁三年（1070），他以屯田员外郎知吴江县。到吴江后，他观览松江、太湖胜境后，缅怀古人而建鲈乡亭，亭名取陈尧佐《吴江》诗中句"秋风斜日鲈鱼乡"之意。同时，将范蠡、张翰和陆龟蒙三人的画像绘于亭中。亭建成后，林肇从亭下乘船弃官归去，留下《鲈乡亭》一诗：

> 脍鲈珍味是吴乡，丞相曾过赋短章。
> 新作水斋堪寓目，旧停桂棹有余光。
> 满前野景烟波阔，自后秋风意气长。
> 莫待东曹归忆此，分悭居在碧洲旁。

清乾隆二十二年（1757），乾隆帝下江南，路过吴江到垂虹桥，作《三高祠》诗的同时，作了一首题为《鲈乡亭》的诗："林家亭子陈家句，津逮都因张季鹰。四柱中曾人几阅，莼鲈得味几人曾。"诗中的"林"，指的是即是林肇。

# 顾瑛郯韶唱和咏垂虹

顾瑛像

　　顾瑛（1310—1369），元代文学家，一名阿瑛，又名德辉，字仲瑛，自称金粟道人，昆山（今属江苏）人。顾瑛举秀才后，署会稽教谕，力辞不就，卓然以诗画隐居；家业豪富，筑有玉山草堂，园池亭馆三十余处，声伎之盛，远近闻名；轻财好客，广集名士，玉山草堂遂成诗人游宴聚会之所，常与杨维桢等人诗酒唱和。元朝末年，天下纷乱，他尽散家财，削发为在家僧，至正十六年（1356），奉母避乱，曾寓居吴江的同里，著有《玉山璞稿》等。

　　清嘉庆《同里志》将顾瑛作为流寓人物作了记载，云道："……弃家隐同里僧寺（按《诗粹》云，瑛徙居九里村法喜寺），故江阴王逢怀瑛诗有'九里水云孤櫂泊，半楼霜月两樽同'之句。"

　　顾瑛寓居的同里与吴江近在咫尺，故到过垂虹桥，写有《泊垂虹桥口占》三首：

　　　　三江之水太湖东，浪激轻舟疾若风。
　　　　白鸟群飞烟树末，青山都在雪花中。

　　　　垂虹桥下新水生，白龙庙前雪未晴。

清嘉庆《同里志》卷十九《流寓》载顾瑛

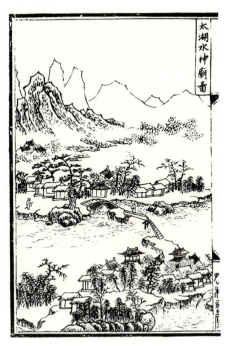

明弘治《吴江志》载"太湖水神庙图"

大风挟帆过江去，惊得沙鸥戛戛鸣。

江风吹帆倏数里，野花笑人应独行。

更须对雪开金盏，要听邻船挡玉筝。

诗中"三江"，指太湖流域的吴淞江、东江和娄江，《尚书·禹贡》有语云："三江既入，震泽底定"；"白鸟"，指鹤、鹭之类的白色羽毛鸟类；"白龙庙"，其原型估计是太湖水神庙，在垂虹桥畔，所祀太湖之神民间称为"水平王"，官吏每年在春秋两季第二月的初五，进行祭祀，其祝文中有句云："蛟龙一惊，风涛晏如。"

顾瑛的这三首诗，通俗而不浅薄，晓畅不失流丽，采用白描手法，通过对江湖、轻舟、白鸟、青山、长桥、庙宇、江风、野花等景物的描述，绘制了三幅垂虹桥及周边景观的可人佳景图。

当时，有人次顾瑛诗之韵，作了《泊垂虹桥口占次顾仲瑛韵》三首，是为：

清康熙《吴江县志》载顾瑛郯韶唱和诗

洞庭之西湖水东，客行三日上江风。
行行塞雁青天外，个个轻鸥白浪中。

江上日日客愁生，今朝春雪始放晴。
舟人掫柂看山影，惊起中流鹅鹚鸣。

鹭鸶鹎鹕总多情，荡漾春江取次行。
日日沙头候归雁，为郎挡得小秦筝。

和诗的作者为郯韶，为顾瑛同时代人，字九成，自号云台散史，又号苕溪渔者，吴兴（今浙江湖州）人。至正中，辟试漕府掾。淡然以诗酒自乐，善画山水，与倪瓒友善。有《云台集》传于世。

诗中的"洞庭"，指太湖；"掫柂"，拨转船舵，指行船；"鹎鹕"，为一种水鸟，似鸳鸯而稍大，紫色，亦称紫鸳鸯；"挡"，弹拨之意；"秦筝"，似瑟，传为秦代蒙恬所造，故名，"小秦筝"，在元代前的古诗词里已有之，如宋代秦观在《满庭芳》里有句云："东风里，朱门映柳，低按小秦筝"。

郯韶的和诗与顾瑛原诗风格一致，通过对湖水、江风、大雁、青天、轻鸥、白浪、舟船、山影、鹅鹚、鹭鸶、鹎鹕等景物的描述，又绘制了三幅垂虹桥及周边景观的怡人写生图。

# 陈基游吴松吟垂虹

陈基（1314—1370），元末江南著名诗人，字敬初，台州临海（今属浙江）人，寓居吴中凤凰山河阳里（今属江苏张家港），受业于当时著名学者黄溍，随之游京师，被授以经筵检讨一职。尝为人起草谏章，险些获罪，遂引避归吴中，以教授诸生度日，颇有声名。元末大乱，群雄纷起，割据于吴地的张士诚闻其名，召为江浙右司员外郎，参其军事，张士诚称王，授内史之职，后迁学士院学士。朱元璋平吴，爱其才，召之参与《元史》的纂修工作，书成后赐金而还。卒于常熟河阳里寓所。陈基能文善书，《明史》有传，著有《夷白斋稿》《内诗》等。

陈基寓居河阳里时，因此地与吴江同属苏州，相距不远，故他曾多次到吴江各地，作《平望》《柳胥》等诗，也曾游吴淞江和垂虹桥。清乾隆《吴江县志》卷三十六中载寓贤王祎时曰道："王祎，字子充，义乌人，元季睹时政衰敝，走燕都，上书不报，归隐青岩山……（王）祎与陈基善，尝同游吴松

清乾隆《吴江县志》载陈基诗

（江），寓居颇久。"故此，陈基写垂虹桥诗颇多。

先来看五言律诗《垂虹桥》：

> 出郭雨如注，人舟天欲低。飞梁跨云渚，蟠嵲亘长霓。
> 三江风水急，五湖烟月迷。夙昔鸱夷子，扁舟此入齐。

诗中的"飞梁"指垂虹桥；"蟠嵲"，指垂虹桥西太湖诸峰；"三江"，指吴淞江、东江和娄江；"五湖"，太湖的古称之一；"鸱夷子"，指春秋时越国大夫范蠡，退隐后改称鸱夷子皮，到齐国经商。

继来看七言绝句《次韵吴江道中》：

> 两袖清风身欲飘，杖藜随月步长桥。
> 功名利禄皆淡泊，悠哉游哉自逍遥。

该诗中的"两袖清风"是同名成语的最早出处；"杖藜"，意为拄着手杖行走，看来陈基写此诗时已是暮年了；"长桥"，则是垂虹桥的别称。

陈基写垂虹桥的七言绝句还有《泊垂虹桥次韵》：

> 旭日初生积水东，白头波起鲤鱼风。
> 洞庭西望平如掌，七十二峰图画中。
>
> 无限客愁撩乱生，春寒强半雨初晴。
> 烟波万顷深无底，仿佛鲛人织杼鸣。

诗中的"洞庭"，指太湖；"鲛人"，是古代神话中鱼尾人身的神秘生物，传说鲛人善于纺织，可以制出入水不湿的龙绡，且滴泪成珠。

难能可贵的是，陈基为垂虹桥写了一首排律《次韵垂虹桥泊舟倡和》：

何年伐石驾危桥，鲸浪翻江白雨飘。

势控三吴虹倒影，气吞七泽水通潮。

重渊有怪犀难照，蔓草无名火不烧。

伯国黄金闻铸像，王门白玉想为标。

功成海上身先退，脍熟江东兴可邀。

岁月几何流水逝，山川如旧古人遥。

鸿飞矰缴何由篡，鹤去樊笼不可招。

浩荡扁舟归鉴曲，寂寥方丈似中条。

越人尚以鸡为卜，楚俗相传鹏类鸮。

自把文章论倚伏，敢将交态较淳浇。

五湖烟景随时异，万里风萍触处漂。

却忆春晖楼上去，为君裁取玉为箫。

　　诗中的"危桥"，高桥之意，垂虹桥"三起三伏"，有三大孔凸起，颇高，以通大舟；"七泽"，相传古时楚有七处沼泽，后以七泽泛称楚地诸湖泊；"伯国"，指古代爵位为伯的诸侯国；"矰缴"，系有丝绳、弋射飞鸟的短箭；"交态"，犹言世态人情；"淳浇"，指风俗的淳厚与浇薄。

　　此韵有十三韵，看来陈基当时写时是费了不少精力的，足见他对垂虹桥的爱怜情之深厚。

# 王逢寓居同里吟垂虹

王逢（1319—1388），字原吉，号最闲园丁、最贤园丁，又称梧溪子、席帽山人，江阴（今属江苏）人，元明之际诗人。王逢学诗于延陵（今常州）陈汉卿，有才名，作《河清颂》，为世传诵；有高官举荐他出仕，以病坚辞不就，后避兵祸于无锡梁鸿山；游吴淞江，筑悟溪精舍于青龙江畔青龙镇（今属上海市青浦区）；元至正二十六年（1366）移居乌泥泾，栖隐之所，为宋代张氏故居，王逢给该园取名为最闲园，并自题园中"藻德池"等八景诗。明洪武（1368—1398）年间，以文学征召，谢辞，卒，年七十，有《梧溪集》。

据清嘉庆《同里志》载，王逢尝寓居同里洞真观。清乾隆《吴江县志》也在记述倪瓒时云道："……时昆山顾瑛亦弃家隐同里僧寺［《诗粹》云，（顾）瑛徙居（同里）九里村法喜寺］，故江阴王逢怀（顾）瑛诗有'九里水云孤櫂泊，半楼霜月两樽同'之句。"由于王逢曾寓居吴江，游吴淞江，因此写吴江的诗颇多。翻阅吴江方志，见载有《赠云外道者灵宝治中》（有序）、《俭德堂怀寄》（二十二首录三，分别为《邵克忠尝为南台掾今隐居吴江寺》《吴士益名惟谅同里人宋八行先生后有碑在郡庠》《陪淮南僚友泛舟吴江城下》）、《雪篷图诗》（并序）、《吴江第四桥阻风》等。王逢写垂虹桥的诗也有两首。

先来看七言古风《淮安忠武王箭歌题垂虹亭》：

淮王昔下江南城，万灶兵拥双霓旌。

锦裘绣帽白玉带，金戈铁马红鞶缨。

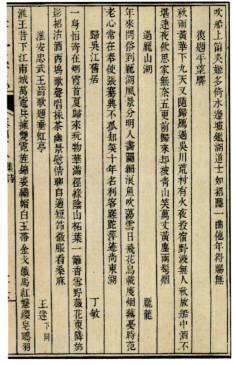

清嘉庆《同里志》载王逢　　　　　清乾隆《吴江县志》载王逢诗

皂鹏羽箭三十六，一一插向沙鱼籲。

鹿麕昼号猿抱木，王师所过全生育。

形弓亲授圣天子，弓影射入东吴水。

水波恍浸铜柱标，仰见浮屠半霄起。

王当是时戡武功，指顾草树生春风。

宋家降玺朝暮得，思罢贯革垂无穷。

浮屠上层龙所宫，宝盘绀碧莲花同。

弦张满月报驺发，忽露半笴芗云中。

铙歌咽轰鼓笳竞，父老顿足欢声应。

泗州使返睢阳亡，汉关将入天山定。

两贤成败关衰盛，雄材逸气王谁并。

> 我浮扁舟五湖兴，载拜何由重安靖。
>
> 猛士经过合深省。

诗题中的"淮安忠武王"，指伯颜（1236—1295），蒙古八邻部人，大蒙古国至元朝初年名臣，累赠宣忠佐命开济翊戴功臣、太师、开府仪同三司，追封淮安王，谥号"忠武"；"垂虹亭"，即垂虹桥桥心之亭。诗中"万灶"，为一典故，战国时，齐国军师孙膑曾用减灶之计，将军中十万灶减为三万灶，以麻痹敌军，北宋大文豪苏轼诗有"野宿貔貅万灶烟"句，描绘大军云屯的场面，后人用为典实。

继来看五言律诗《题垂虹桥亭》：

> 长虹垂绝岸，形势压东吴。风雨三江合，梯航百粤趋。
>
> 葑田连沮洳，鲛室乱鱼凫。私怪鸱夷子，初心握霸图。

诗中的"长虹"，喻指垂虹桥；"三江"，指太湖流域的吴淞江、东江和娄江；"梯航"，梯与船，登山渡水的工具；"百粤"，古代中国南方沿海一带古越族人居住的地区；"葑田"，湖泽中葑菱积聚处，年久腐化变为泥土，水涸成田；"沮洳"，低湿泥泞之地；"鲛室"，古代神话传说中鱼尾人身神秘生物在水中的居室；"鸱夷子"，即吴越春秋越国大夫范蠡。

在诗里，作者在描绘垂虹桥及周边景物后，直抒胸臆，表示自己内心很是责怪范蠡，说范蠡你既然最后选择退隐江湖，当初你为什么要去掺和吴越争霸之事呢？看来诗人看透官场险恶，伴君如伴虎，故宁愿隐居江湖，执意不愿出去为官，因此元末有高官举荐他出仕，他以病坚辞不就，后明洪武年间以文学征召，他也予以谢辞。

明代

# 高启诗吟垂虹桥亭

高启（1336—1374），明代诗人，字季迪，长洲（今江苏省苏州市吴中区）人。元末隐居吴淞青丘，自号青丘子，与杨基、张羽、徐贲齐名，称"吴中四杰"。明洪武初，应召预修，为翰林院国史编修，授户部右侍郎，不受。后被明太祖借故腰斩。其诗豪放清逸，诗中强烈的个性色彩颇引人注目，部分作品对民生疾苦有所反应，对明的统一也有所歌颂，是明代成就最高的诗人之一。又能文，有诗集《高太史大全集》，文集《凫藻集》（附《扣弦集》词）。

高启像

浏览吴江方志，高启写吴江的诗颇多，直接写垂虹桥的就有两首。其一为《垂虹桥》：

行人脚底响波涛，驱石神鞭是孰操。

影落蛟龙朝窟暗，形垂螮蝀暮天高。

烟中去忆鸱夷远，月下吟夸长史豪。

几度凭阑赏秋色，鲈鱼新买系归舠。

诗中的"驱石神鞭"，《三齐略》云："秦始皇作石桥于海上，欲过海看日出处。有神人驱石，去不速，神人鞭之，皆流血，今石桥犹赤字色。"喻造桥有如神助；"蝃蝀"，为虹的别名，指垂虹桥；"鸱夷"，指春秋越国大夫范蠡；"长史"，指北宋诗人苏舜钦，他于庆历八年（1048）复官为湖州长史，但在他还没来得及赴任时，病逝于苏州沧浪亭寓中，他作有《中秋松江新桥对月和柳令之作》一诗，中句"云头滟滟开金饼，水面沉沉卧彩虹"被誉为吴江长桥三名联之一。

其二为《垂虹亭》：

泊舟登危亭，江风坠轻帻。空明入远眺，天水如不隔。

日落震泽浦，潮来松陵驿。绵绵洲溆平，莽莽蒹葭积。

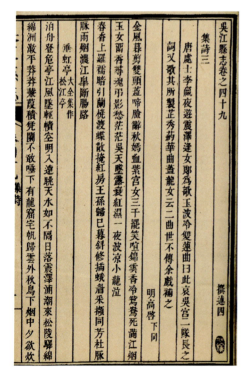

清乾隆《吴江县志》载高启诗

明弘治《吴江志》载张翰和陆龟蒙等"乡贤祠诸公像"

凭阑不敢唾，下有龙窟宅。帆归云外秋，鸟下烟中夕。

欲炊菰米饭，待月出海白。唤起弄珠君，闲吹第三笛。

诗中"危亭"，高亭之意；"轻帻"，便帽，软帽；"震泽"，指太湖；"弄珠"，指汉皋二女事，《文选·张衡》："耕父扬光于清泠之渊，游女弄珠于汉皋之曲。"

高启写垂虹桥周边景物的诗有好几首。题曰《钓雪滩》的为：

江流欲澌鱼不起，一蓑独钓寒芦里。

渔村茫茫烟火微，雪满晚篷人独归。

这钓雪滩，位于垂虹桥东北，濒临京杭大运河，是古吴淞江南岸的滩涂。以前，这里芦蒿丛生，是垂钓的好去处，吴江的文人雅士冬日多于此垂钓，由此而名钓雪滩。宋代庆历年间筑垂虹桥后，此滩上曾先后建有大冶令王份的别业朣庵、状元黄由的别业盘野和三高祠等，还建有一座钓雪亭，落成时，由宋代淳熙进士、官至秘书省正字的林至撰有《钓雪亭记》。松陵八景之一的"雪滩钓艇"即在此。

题曰《鲈乡亭》的为：

独上鲈乡亭，秋风南浦生。载诵黄花句，遥思张步兵。

天空白水远，日堕赤枫明。我亦东归客，一壶宜醉倾。

鲈乡亭，旧在垂虹桥西塊河边。宋熙宁三年（1070），吴江知县林肇观览松江、太湖胜境后，缅怀古人而建，亭名取龙图阁直学士、参知政事陈尧佐《吴江》诗中句"秋风斜日鲈鱼乡"之意。诗颔联中的"张步兵"，指西晋文学家张翰，时人号其为"江东步兵"。上句中的"黄花句"，唐朝时科举考试除考文章外，还要考诗、画等，有一年规定考画，题目是《黄花满地开》，绝大多数考生画了菊花，考官说错了，只有一名考生正确，画了油菜花。原来，出的题目是张翰的诗句"黄花满地开"。"我亦东归客"，指诗作者也曾授户部右侍郎，但不受而归之。

高启还写有题为《三高祠》的诗，共有三首，分别为：

功成不恋上将军，一舸归游笠泽云。

载去西施岂无意，恐留倾国更迷君。

洛阳忽忆鲈鱼肥，便趁秋风问钓矶。

犹恨季鹰辞未早，不邀二陆共船归。

鸭群无食水田荒，风雨孤篷载笔床。

犹有新诗惊太守，醉中挥翰木兰堂。

三高祠，祀吴越春秋时越国大夫范蠡、西晋大司马东曹掾张翰和唐代湖州、苏州刺史幕僚陆龟蒙，在垂虹桥北侧的钓雪滩上，原在垂虹桥西堍底定亭南。"三高"之名，始于宋熙宁三年（1070），知县林肇将范蠡、张翰、陆龟蒙三人画像绘于鲈乡亭壁上。当时人认为，范、张、陆三人都洞悉世事，急流勇退，保持高风亮节，称为"高士"。

高启的这三首诗，分别写范蠡、张翰和陆龟蒙。第二首中的"二陆"，指西晋陆机和他的胞弟陆云，二人均为当时著名的文学家，死于"八王之乱"，被夷三族，故高启在诗中叹道："犹恨季鹰辞未早，不邀二陆共船归。"

# 陶振"压轴""开路"咏垂虹

陶振，明初人，字子昌，自号钓鳌客。其先祖为华亭（今上海松江）人，赘于庞山谢氏，遂为吴江人。年少与诗文家谢常同学于元末明初文学家、书画家杨维桢，兼治《诗》《书》《春秋》三经。洪武二十三年（1390）举贡生，授县学训导，迁安化教谕。陶振天才超逸，诗词豪俊，负重名于时。有《钓鳌集》《云间清啸集》《陶振赋》等。

陶振写的诗颇多，浏览吴江方志，可见到他多首写垂虹桥或写到垂虹桥的诗。题曰《长桥》的为：

> 道人置立半通仙，鞭石平湖插巨川。
> 昼锁玉环轮影缺，夜开金镜月华圆。
> 万邦冠冕行鳌背，三岛神仙出洞天。
> 最是晚来烟雨后，浪花堆里看龙眠。

诗中"鞭石"，即"驱石神鞭"之典，喻造桥如有神助（详见本书《高启诗吟垂虹桥亭》一文）；"三岛"，指传说中的蓬莱、方丈、瀛洲这三座海上仙山。此诗颇具浪漫色彩，将垂虹桥及周边景物描绘得如仙境一般。

陶振有一首诗，至今仍在吴江传诵，当地的书法家也很是喜欢书之，以作展出或参赛，此诗为《松陵八景》：

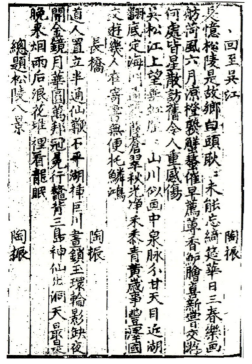

明弘治《吴江志》载陶振诗　　　　　　清乾隆《吴江县志》载陶振诗

太湖三万六千顷，总付雪滩垂钓翁。

林屋参差红日下，洞庭缥缈白云中。

泉喷甘雨龙神庙，声吼蒲牢塔寺钟。

回首简村凝望久，不知明月挂垂虹。

这诗每一句写一景，分别为具区云涛、雪滩钓艇、西山爽气、洞庭白云、龙湫甘泉，塔寺钟声、简村远帆、垂虹夜月。将"垂虹夜月"作为压轴结句，可见垂虹桥在诗作者心目中的地位。

陶振在上一首诗里是将垂虹桥"压轴"，下面这首诗则将垂虹桥作"开路"，此诗题为《回至吴江》（其二）：

> 吴淞江上望垂虹，历历山川似画中。
>
> 泉脉分甘天目近，湖翻底定海门通。
>
> 蒹葭苍翠秋光净，禾黍青黄岁事丰。
>
> 泽国交游几人在，寄书无便托鳞鸿。

　　看来此诗是作者离别吴江一些时日后返乡而作，在他的眼中，离别重见的垂虹桥景色"历历山川似画中"，更是怡人。

　　下面这首与上面这首的诗题差一字，为《至吴江》：

> 松陵山水忆曾游，转盼于今五十秋。
>
> 黉舍履霜晨听讲，长桥玩月夜停舟。
>
> 甘泉彻底蛟涎吐，震泽澄波蜃气收。
>
> 维棹何当寻疏老，江头重访御书楼。

　　诗里点明了作者是已有五十年未观赏松陵的景色，久别故地重游，当自有一番情趣。额联中的"黉舍"，指的是垂虹桥东墈不远处的吴江县学，同在一联的"长桥玩月夜停舟"则点明了松陵八景之一的"垂虹夜月"。颈联两句，分写松陵八景中的"龙湫甘泉"和"具区云涛"，看来松陵八景萦绕在诗人的脑际，溢于笔端。

# 建文帝填词赞美垂虹桥

建文帝像

建文帝，即明惠宗朱允炆（1377—？），明朝第二位皇帝，明太祖朱元璋之孙，懿文太子朱标次子，1398年6月至1402年7月在位，年号建文，故后世称建文帝，又作朱允文、朱允炆。明洪武二十五年（1392），其父朱标病死，朱允文被立为皇太孙，洪武三十一年（1398）继位为帝，朱允炆在位期间增强文官在国政中的作用，宽刑省狱，严惩宦官，同时改变其祖父朱元璋的一些弊政，史称"建文新政"。同时，建文帝采取一系列削藩措施，其中准备削除燕王朱棣。朱棣于建文元年（1399）起兵反抗，随后挥师南下，开始历时四年的"靖难之役"。建文帝在此役后下落不明，或说于宫中自焚死，或说由地道逃去南方为僧。建文四年（1402），朱棣即位，是为明成祖。

据清道光吴江黄家溪《黄溪志》记载，建文帝从南京南逃后曾几次到黄家溪镇的史仲彬家。据《黄溪志》、民国《垂虹识小录》和明末清初长洲（今江苏省苏州市吴中区）人褚人获所著《坚瓠补集》载，建文帝首至吴江史仲彬家，题诗《清远轩》："玉蟾飞入水晶宫，万顷琉璃破晓风。诗就云归不知处，断山零落有无中。""画鹢高飞江水涨，老渔倦唱夕阳斜。秋来客子兴归思，船到吴江即是家。"建文帝寓史仲彬别室时，题水月观诗曰："细雨披杨起绿烟，水波如织影迷帘。午钟何处偏来耳，不似西宫奏管弦。"

建文帝尚填《吴江观竞渡》词：

> 梅霖初歇，正绛色，海榴初开佳节。角黍包金，香蒲切玉，是处玙筵罗列。斗巧尽输年少，玉腕彩丝双结。舣彩舫龙舟，两两波心齐发。

> 奇绝处，激起浪花，翻作湖间雪。画鼓轰雷，红旗掣电，夺罢锦标方彻。望水中天日暮，犹自珠帘高揭。归棹晚载荷香，十里一钩新月。

清康熙《吴江县志续编》载建文帝至黄家溪

明弘治《吴江志》卷二十二《集诗》刊此词时标作者为无名氏，词后作注：吴江无竞渡之戏，此词见旧志，然则元时有之，如今无耳，此词佳甚，不忍弃，录之。

建文帝又三至吴江，题《满江红》词，赞美垂虹桥，词曰：

> 三过吴江，又添得，一亭清绝。刚占断，水光多处，巧依林樾。漠漠云烟春昼雨，寥寥天地秋宵月。更冰壶，玉鉴暑宜风，寒宜雪。

> 瞩庵右，山依缺；垂虹左，波涛截。正三高堂畔，旧规今别。何但渔翁垂钓好，谩将柳子新吟揭。信登临，佳兴属彭宣，能挥发。

词中将垂虹桥和垂虹亭及周边的景观，如瞩庵、三高祠等付之笔端，给读者呈现了一幅四季咸宜、昼夜皆佳的山光水色亭台相映图。

# 周忱修桥又咏桥

巡撫文襄周公象

周忱像

　　周忱（1381—1453），明代江西吉水人，字恂如，永乐进士，任刑部员外郎二十年。宣德五年（1430）因杨荣荐举出任工部右侍郎巡抚江南，创平米法，请工部颁铁斛为准式，与苏州知府况钟奏请减免重赋，疏浚吴淞江，设济农仓防灾，历宣德、正统两朝，在江南凡二十年。多有建树，惠政大著，景泰二年（1451）以工部尚书致仕。

　　以前，吴江在垂虹桥东、文庙仪门外建有名宦祠，祭祀在吴江当地留下良好口碑的外籍官员，其中祭祀明代的官员中就有周忱。据吴江方志记载，明正统五年（1440），时巡抚江南的周忱主持修缮了垂虹桥。在修桥的同时，他还为吴江写了《松陵八景》诗，其名分别为垂虹夜月、塔寺钟声、平湖落马、雪滩独钓、直溪春水、夹浦归帆、海云夕照、洞庭白云，其中"垂虹夜月"写垂虹桥的夜景，"塔寺钟声"和"雪滩独钓"则写垂虹桥畔的景观。

　　先来看《垂虹夜月》：

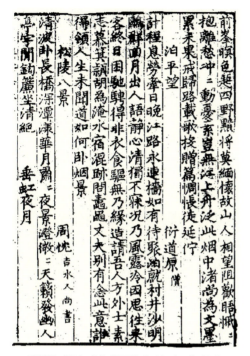

明弘治《吴江志》载周忱《垂虹夜月》等诗

明弘治《吴江志》载"雪滩钓艇"图（上）

> 清波卧长桥，深潭漾华月。
> 肃肃夜景澄，微微天籁发。
> 幽人亭宇间，钩帘坐清绝。

　　垂虹桥横跨江湖之间，延袤一千三百余尺，下有六十二洞，三起三伏，宛若长虹，垂虹亭翼然桥心，夜色来临，明月当空，倒影于水，幽人会亭，"何异广寒之宫清虚之府也"。

　　继来看《塔寺钟声》：

> 缁宇隔尘寰，旦暮钟声度。
> 韵随仙梵微，音与闲云去。
> 孤艇泊枫桥，闻之发深悟。

　　垂虹桥东南堍的华严寺内有华严塔，"笔立数仞，当扶桑启曙，先受朝阳之景，金璧璀璨，有可观者"。旭日东升，寺僧晨起撞钟，钟声与朝晖齐飞，声传十里。

　　再来看《雪滩钓艇》：

> 剡曲兴方尽，灞桥诗思阑。
>
> 梅梢露晴月，天地浩漫漫。
>
> 放歌独何事，垂纶漾清湍。

　　雪滩即钓雪滩，在垂虹桥东北侧、吴淞江边，"长桥如虹，澄江如练"，芦蒿丛生，鱼虾悠游，是垂钓的好去处，如放一钓艇，飘浮江波之上，其垂钓之趣更增。当冻云填壑、飞雪打头之时，"孤舟蓑笠垂一竿于其间，何清绝也！"

# 杜庠名句作桥联

　　杜庠，字公序，长洲（今江苏苏州）人，明景泰五年（1454）进士，任湖南省攸县知县，罢归后放情诗酒，往来江浙间，自称西湖醉老。有《江浙歌风集》等。

　　杜庠写有《垂虹桥》一诗，是为：

　　　　天垂蝃蝀跨三吴，
　　　　桥上分明见画图。
　　　　七十二湾平作路，
　　　　万千年浪直冲湖。
　　　　石阑干外青山小，
　　　　芦苇丛边钓艇孤。
　　　　老我昔年题柱手，
　　　　举杯今日醉莼鲈。

清乾隆《吴江县志》载杜庠诗

　　诗中"蝃蝀"，为虹的别名，借指桥；"七十二湾"指垂虹桥的桥洞孔数，该桥宋庆历八年（1048）初建时为木结构，桥洞最多时为九十九孔；元泰定二年（1325）易石重建，为六十二孔，也有多于六十二孔之记载。如清乾隆《吴江县志》所载明钱溥《重修垂虹桥记》记为"桥袤千有余尺，下开七十二洞"；成书于元至正二十六年（1366）的陶宗仪所撰笔记《南村辍耕录》载"吴江长桥七十二镞"；清乾隆《苏州府志》卷七《水利二》"弘治八年"条引明人杨循吉《浚河志略》云"吴江水口在长桥外，桥长二里，有七十二洞"；清乾隆《吴江县志》卷四十一所载明崇祯十年（1637）郡人沈几的治水《条陈》云"试观长桥之下，为门七十有二"；明代水利学家、吴江人沈启《吴江水考》云"（垂虹桥）为长一百三十丈，为窦六十有四"，同时注"郡志谓桥窦七十二"。始编于清光绪三十四年（1908）的《辞源》"垂虹桥"条云："桥有七十二洞，宋庆历八年建。俗名长桥。见嘉庆《一统志》七八《苏州府》二。"

诗中的"题柱"，出自《华阳国志·蜀志》："城北十里有升仙桥，有送客观。司马相如初入长安，题市门曰：'不乘赤车驷马，不过汝下也！'"按《太平御览》卷七十三则引作为"题桥柱"。

杜庠的《垂虹桥》在明代诗人咏垂虹桥诗中是上乘的，故在四百多年后，诗中之句仍被实际运用着。民国四年（1915），垂虹桥重修，在桥北向桥身上镌刻了一副对联，是为：

　　　　　八十丈虹晴卧影；万千年浪直冲湖。

该联的上联撷自宋代杨杰《舟泊长桥》颔联的上句"八十丈虹晴卧影"，下联即为杜庠《垂虹桥》颔联的下句"万千年浪直冲湖"，两位诗人虽相隔数百年，但他们的诗句经后人"匹配"，竟浑然一体。对仗上，数量词对数量词，名词对名词，形容词对形容词，动词对动词，甚为工整；平仄上，不仅第二、四、六、七字相协，而且不作要求的第三、五字也相谐。视之，真无集配之感。联中的"虹"指垂虹桥；"八十丈"，为诗的语言，非确切数字，据元代袁桷所撰的《重修垂虹桥记》，垂虹桥长"一千三百尺有奇"。

此联的意境似为：晴日风徐，艳阳灿金，垂虹桥像长长的彩虹一样静静地浮卧着，将倒影落在似碧玉一般的水面上；忽而风起，水面上卷起朵朵雪花似的白浪，挟着千百年的沧桑穿过桥洞，向前涌去……

# 沈周诗画缀垂虹

沈周（1427—1509），明画家、诗人，字启南，号石田，晚号白石翁，长洲（今江苏苏州）人。沈周不应科举，长期从事绘画和诗文创作，擅山水，初得父沈恒吉、伯父沈贞吉指授，后取法董源、巨然，中年以黄公望为宗，晚年醉心吴镇。他四十岁前多画小幅，后始拓为大幅，笔墨坚实豪放，形成中锋为长，沉着浑厚的风貌；亦作细笔，于谨密中仍具浑成之势，人称"细沈"；兼工花卉、鸟兽，擅用重墨浅色，别有风韵，也画人物，名重当时，与文徵明、唐寅、仇英并称"明四家"。其书学黄庭坚，诗学白居易、苏轼、陆游，挥洒淋漓，自写天趣，著有《石田集》《客座新闻》等。

沈周像

沈周所居苏州，与吴江近在咫尺。明成化元年（1465），沈周经同乡、状元吴宽介绍与吴江盛泽的学者史鉴相识，后结为儿女亲家，因而沈周对吴江情有独钟。此后，他常去盛泽和浙江，过松陵和到松陵的次数颇多，因此他写吴江的诗不少。翻阅吴江方志，见有《题东村精舍》、《薰杨梅》、《苎头饼》、《崔孝妇》、《赠别渊父》（渊父系明代吴江国学生崔澄之字）等。写到垂虹桥的有《过松陵感旧》：

> 松陵重弭棹，访旧与前殊。白杜伤新鬼，青山识故吾。
>
> 鱼虾登晚市，菱芡入秋租。寄兴长桥水，悠悠入太湖。

　　诗中的"弭棹"，指停泊船只；"白杜"，为一种小乔木；"故吾"，过去的我；"菱芡"，指吴江的特产菱角和芡实；"长桥"，即垂虹桥。从诗的首句"松陵重弭棹"来看，沈周写此诗时已不是第一次到松陵来了，因此拜访故旧也与前次有所不同的了。

　　沈周在写《太湖竹枝词》时又写到了垂虹桥：

> 吴江长桥如长虹，西来太湖桥下通。
>
> 我家落日水如镜，照见人影在波中。

　　该诗保持了竹枝词的特点，直白通俗，但比喻生动，颇有诗情画意，将一幅垂虹桥长若垂虹、吴淞江水澄澈如镜的画卷呈现在读者眼前。

清乾隆《吴江县志》载沈周诗

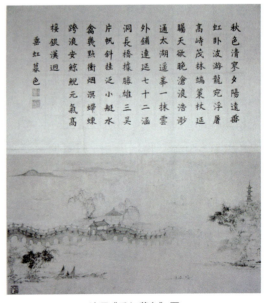

沈周《垂虹暮色》图

　　沈周还有直接写垂虹桥的诗。21世纪初，书法史论家葛鸿桢在翻译美国傅申所著《海外书迹研究》时，发现美国著名收藏家顾洛阜收藏有《垂虹别意图卷》，该图卷由唐寅作画，祝允明题"垂虹别意"引首，戴冠作序，苏州众才子作诗三十六首，沈周的《垂虹别意诗》列在首位，是为：

> 垂虹不是灞陵桥，送客能来路亦遥。
> 西望太湖山阁日，东连沧海地通潮。
> 酒波汩汩翻荷叶，别思茫茫在柳条。
> 更欲传杯迟判袂，月明倚柱唤吹箫。

　　诗中的"灞陵桥"，有两座，一座在甘肃渭源，始建于明洪武初年，系大将军徐达西击元将李思齐时为渡渭河而建，初为平桥，传说徐达夜梦受汉武帝爱妃指点，乃以木笼装石为墩修成，桥上配以玉石栏杆，因有"渭水通长安，绕灞陵，为玉石栏杆灞陵桥"之语，徐达亲题桥名为灞陵桥，有"渭河第一桥"之称。另一座历史悠久得多，在河南许昌城西，原名八里桥，跨清泥河，相传为三国名将关羽辞别曹操挑袍之处。结合诗意看来，此处的灞陵桥系指后者；"判袂"，为离别、分手之意；"吹箫"，指南宋著名诗人姜夔当年从石湖范成大处带了侍女小红乘船往吴江而来，过垂虹桥时，正值大雪纷飞，遂赋诗曰："自琢新词韵最娇，小红低唱我吹箫。曲终过尽松陵路，回首烟波十四桥。"姜夔"喜自度曲吹洞箫，小红辄歌而和之"。

　　沈周是诗人，更是画家，他为垂虹桥作画多幅。先来看《垂虹暮色》，系沈周《三吴集锦册》之一，纵三十一点八厘米，横六十一点八厘米，纸本，水墨画。《故宫书画图录》（台北）第二十二册著录。所作时间不详。全册八开，分别为《江峰浮玉》，画镇江金山寺；《招隐观泉》，画丹徒招隐寺；《虎阜春游》，画苏州虎丘山；《垂虹暮色》，画吴江垂虹桥；《道场塔树》，画湖州道场山；《六桥烟雨》，画杭州西湖；《天台石梁》，画台州天台山；《会稽修禊》，画绍兴兰亭。分钤白文印"启南"。

　　由是可知，明中叶垂虹桥，名列三吴胜景之一。每叶俱有清嘉庆甲戌御题。嘉庆题《垂虹暮色》一开，诗云："秋色清寥夕阳远，垂虹卧波游龙宛。浮屠高峙茂林端，策杖延瞩天欲晚。沧浪浩渺通太湖，遥峰一抹云外铺。连延七十二涵洞，

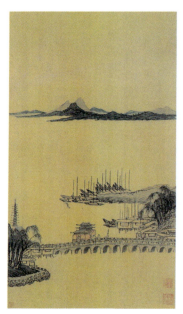

沈周《垂虹桥》及五人题诗

长桥据胜雄三吴。片帆斜挂泛小艇，水禽几点冲烟溟。蟏蛛跨浪安鲸鲵，元气高接银汉迥。"

按图右起，画坡岸、泊舟，丛树间掩映寺庙殿宇，后有浮屠矗立，即宁境华严讲寺；垂虹桥起伏而左，未尽；中有垂虹亭，亭有左右拱门，上覆歇山顶；亭后通一岛屿，上亦有一亭，亭为四坡顶；亭之左右各有弱柳一株。图左起，杂树一丛，渔舟闲泊；近处，有二三子泛舟湖上，桥后亦帆影数片，远山如黛，横于太湖之上。考清乾隆《吴江县志》，此图并非对景实写，可能书斋闲忆而成，如按此图视角，所见垂虹桥应由吴淞江而望太湖，而宁境华严讲寺居江南，应在画之左侧，而非右侧。

继来看《垂虹桥》这一幅。此图系沈周《两江名胜图》册页之一，纵四十二点二厘米，横二十三点八厘米，绢本，设色画。上海博物馆藏。《中国古代书画图目》第二册著录。所作时间不详。

按图右起，垂虹桥出，桥后屋宇相连，筑于坡岸水边，又有柳树数株；树后复一长坡，渔舟密集，桅杆丛立；坡后隐隐又有数屋。桥只写十三孔，中隆而左右平缓，有行人漫步桥上，一杖策回首与人交谈，一趋前应答，二童子随后，一抱琴，一持伞。

桥中即垂虹亭。前有属屋一椽，歇山顶，后紧联垂虹亭，重檐歇山顶。亭红墙墨顶。桥左，坡上柳树成林，坡下有临湖小路，及石驳岸，石栏杆。后又有临水小屋数间，树梢露出殿宇、佛塔，即宁境华严讲寺。远山连亘于湖上。此图较为写实。同叶，有沈周自己和江文、文嘉、王穉登、王世贞共五人的题诗。"长虹引南北，横截太湖流。步月金鳌背，啸歌天地秋。沈周。""修梁三千尺，蜿蜒亘晴虹。时吸碧湖水，衍漾清天中。江文。""太湖三万顷，垂虹截其流。泊舟步桥上，明月当清秋。文嘉。""湖水分南北，修梁亘其中。曾踏桥上月，金波卧白虹。穉登。""载酒垂虹桥，鼓吹乘暝发。瞥见金波流，七十二残月。世贞。"

沈周《吴江图卷》

再来看《吴江图卷》。该图纵三十二厘米，横六百二十厘米，纸本，水墨画。《明代沈周唐寅文徵明仇英四大家书画集》著录。所作时间不详。

此图著录图版未见款识，长卷右起为疏林远山，渐入山中，至中段，豁然开朗，是太湖一角，画垂虹桥，极简易，作平梁木构，中亦有垂虹亭，前后两间，行旅负担桥上，又有渔庄柳林，平岸凉亭，继而复入山间，溪流匆匆，竹林茅舍，山脚泊舟，板桥路转而无尽。此图完全写出沈周心目中吴江之印象，画家将太湖山水风光，与名胜垂虹桥熔铸一图，长篇巨制，极富诗意。画卷构图用笔近似黄公望《富春山居图》，有元人意境。

# 吴宽经行垂虹觉尤胜

吴宽像

吴宽（1435—1504），明代名臣，诗人、散文家、书法家，字原博，号匏庵，世称匏庵先生，直隶长洲（今江苏苏州）人，成化八年（1472）状元，授翰林修撰，迁左庶子，进少詹事兼侍读学士，官至礼部尚书，卒赠太子太保，谥号"文定"。吴宽的诗深厚浓郁，自成一家，又工文擅书。著有《匏庵集》。

吴宽为苏州人，他在吴江有好几个友人，如史鉴、赵宽、吴洪等。史鉴是黄家溪人，明洪武三十一年（1398）进士、翰林院侍读史仲彬之曾孙，隐逸不仕，其"所居西村别构，擅园池竹木之胜，奇书名画罗列其中"，一时间吴宽、沈周、文林、李应祯、尹宽、曹孚等名士相过从。赵宽是吴江一都人，成化十七年（1481）会试置第一，时吴宽为主试，"众议私其乡里"，赵宽即席作《玉延亭赋》，"文义灿然，众始叹服"，后官至广东按察使。吴洪是松陵人，成化十一年（1475）进士，官至南京刑部尚书，与吴宽、王鏊、李杰和陈璚同为"五同会"（"五同"为同时、同乡、同朝、同志、同道）。

吴宽在吴江的朋友多，为吴江所作的诗文也多。诸如诗有《为史明古题沈启南画》《登史西村小雅堂》《送赵栗夫归省》等，文有《东村记》《敕王蘋》跋、《跋虞氏遗墨》等，还有与沈周同游吴江瑞云观时所对的联句。对于吴江第一名胜垂虹桥，吴宽自然会不惜笔墨歌吟之。先来看他为沈周之画《过吴江图》所作的题画诗：

清康熙《吴江县志》载吴宽诗

> 吴淞江腹太湖头，
> 雌霓连蜷卧碧流。
> 我昨经行觉尤胜，
> 满船明月下沧洲。

诗中的"雌霓"，传说虹有雌雄之别，色鲜盛者为雄，暗淡者为雌，雄曰虹，雌曰霓，合称虹霓，诗中当指处在"吴淞江腹太湖头"的垂虹桥。诗的意境展现了两个画面，一个是沈周笔下的江湖相连、长虹卧波的白日美景，一个是诗人昨日亲身到此所见舟船满载明月之光过桥洞下沧洲的夜晚胜景。

接着来看这首七律《吴江晚眺》：

> 霜林摇落洞庭微，泽国茫茫对夕晖。
> 湖上客来金橘熟，桥头人卖玉鲈肥。
> 扁舟范蠡当时计，独棹张翰何处归？
> 景物萧条增客思，更堪回首雁南飞。

这首诗写于暮色之中在吴淞江垂虹桥上远眺太湖所见之景。首联中的"洞庭"，指太湖，也指太湖中的洞庭东西山。以前，垂虹桥离太湖仅三里之遥，"霜林摇落洞庭微，泽国茫茫对夕晖"的景色就在眼前。颔联上句中的"金橘熟"点出了"垂虹秋色"之景，下句写了闻名遐迩的垂虹桥下美味鲈鱼。颈联写到了春秋时的越国大夫范蠡和西晋弃官归乡的张翰，当是诗人在观瞻吴淞江畔景色之时，看到了垂虹桥畔的三高祠，该祠里供奉着范蠡、张翰和唐代高士陆龟蒙。看来秋风萧瑟，秋景肃杀，也给诗人带来了秋思，故在尾联吟出了"景物萧条增客思，更堪回首雁南飞"。

# 王鏊赠诗咏垂虹

王鏊（1450—1524），明代名臣，文学家。字济之，别号守溪，晚号拙叟，学者称其为震泽先生，吴县（今江苏苏州）人。成化十年（1474）在乡试中获"解元"，翌年在礼部会试中获"会元"，殿试一甲第三名，被授为翰林编修，一时盛名天下。官至户部尚书、文渊阁大学士、加少傅兼太子太傅、武英殿大学士。后辞官归乡，家居十六年，终不复出。逝后追赠太傅，谥号"文恪"。有《震泽编》《震泽集》《震泽长语》《震泽纪闻》《姑苏志》等传世。

王鏊故里东山与吴江近在咫尺，加之是名臣，并编著有《姑苏志》等吴地地方文献，因此翻阅吴江方志，其引用王鏊有关吴江的著述和王鏊为吴

王鏊像

江各地作记题额写序的均颇多。王鏊赠给吴江士人的诗有好几首。如据清嘉庆《黎里志》载，黎里汝讷（字行敏）弘治三年（1490）改任南安知府时，王鏊赠他《送汝行敏之南安任》一诗。《黎里志》刊有王鏊的《送汝仲器归吴》诗。这两首诗中

均有写吴江地方风物之句，如"吴江枫叶暮吟寒""归恋鲈乡雨作寒""吴江枫落黄花好"等。

王鏊在给吴江士人赠诗中还有《送赵栗夫归省吴江》，写到了垂虹桥，为：

生当全盛时，仍遇至乐事。岂因掇高科，不在登贵仕。

故园寄吴江，游钓旧为戏。别来余七年，往往入梦寐。

家有大父母，八帙行且至。手题数行书，昨者附乡使。

书云吾衰矣，久望汝归侍。汝父母犹壮，归日尚可迟。

老人风中烛，此语真善譬。此意岂不知，此愿独不遂。

明主勤万几，旷职微有位。故缓归省期，俾尽匪解义。

而况宵旰间，切切在法吏。私情苦难伸，如絷千里骥。

遥望天之南，安得插双翅。终焉舜文心，天下以孝治。

清嘉庆《黎里志》载王鏊诗

清乾隆《吴江县志》载赵宽

一朝恩诏颁，跪听殊足慰。又如骥欲奔，始脱衔与辔。

匆匆治行装，旧馆视若弃。载感明主恩，仍给道里费。

长河引轻舟，连日风更利。鲈乡适新秋，水芳散荷芰。

日出垂虹桥，骈肩看乘驷。登堂问起居，称寿先举觯。

此髫者吾儿，彼冠者汝季。各令向前拜，起立亦以次。

邻里争入门，感叹共惊异。斑白映锦衣，三世一堂备。

此乐难具陈，尽出上所赐。努力在他年，图报端可冀。


　　诗题中的"赵栗夫"，即赵宽（1457—1505），字栗夫，号半江，明代吴江一都人，成化十三年（1477）举于乡，成化十七年会试，置第一。历任刑部主事、郎中，在刑部十四年间以明允著称。后升浙江提学副使，迁广东按察使。此诗王鏊是送在外为官的赵宽回故乡吴江探望父母时所写，因此吴江的元素多处出现。"故园寄吴江，游钓旧为戏"，句中直接有"吴江"；"鲈乡适新秋，水芳散荷芰"，将吴江的别称"鲈乡"写在了句中。"日出垂虹桥，骈肩看乘驷"，则将吴江的第一名胜垂虹桥诉之于诗。"乘驷"之典说汉人司马相如离成都时曾于桥柱题词，表示不像贵官那样乘驷马高车而归，决不还乡。赵宽虽不及当年司马相如那样显赫，但在会试中名列第一，历任刑部郎中等职，也可谓出人头地，光宗耀祖，且在"日出垂虹桥"之际，众人挨挤着争看衣锦归乡之人，当是十分荣耀了。

# 杨循吉诗句题《垂虹别意图卷》名

杨循吉像

杨循吉（1456—1544），明代文学家、藏书家，字君卿，一作君谦，号南峰、雁村居士等。南直隶苏州府吴县（今江苏苏州）人。成化二十年（1484）举进士，授礼部主事。弘治初致仕归，结庐于苏州城西支硎山下，以读书著述为事，编纂《吴邑志》《长洲县志》等，擅乐府小令，为诗傲兀自放。著有《苏州府志纂修识略》等。

杨循吉文学造诣颇深，加上名声卓著，因此与苏州颇近的吴江请其撰文者颇多。翻阅吴江方志，见明嘉靖《吴江县志》载他为一真庵增建所作的记，清康熙《吴江县志》载他与沈周一起为吴江四都人、弘治十八年（1505）进士陈九章书其庭前菖蒲开九节花之事，清乾隆《震泽县志》载他为吴江重建城北济农仓所作的记等。

由于他纂有多本吴地方志，后代苏州、吴江方志多引用他的著述。关于垂虹桥桥洞的孔数，清乾隆《苏州府志》卷七《水利二》"弘治八年"条即引用了杨循吉在《浚河志略》中的记述："吴江水口在长桥外，桥长二里，有七十二洞。"当然这"七十二洞"是一家之说，也有六十二、六十四孔的记载。

杨循吉与垂虹桥的关联，除了他有桥洞孔数的记载，还有他为垂虹桥写的诗，他的这首诗在《垂虹别意图卷》上。该图卷系明代安徽学子戴昭在苏州完成学业后离别时获赠众多吴地名士的赠诗，唐寅作《垂虹别意图》，祝允明题引首"垂虹别意"四字，戴昭便将这些诗书画作汇成《垂虹别意图卷》。在这图卷上，杨循吉的诗列在沈周、谢表、祝允明、吴龙、文徵明、陈键、唐寅之后，是为：

> 书剑客金阊，梧桐叶又黄。
>
> 蛩催归思早，江渺去途长。
>
> 余暑庇山影，西风来桂香。
>
> 垂虹拂帆过，凫雁满银塘。

清乾隆《震泽县志》载杨循吉《重建济农仓记》

杨循吉的这首诗在明代人汪珂玉所编的《珊瑚网》刊有，诗后有注云："文学戴明父，将归新安，诣草堂言别，辄赋此为赠。"注中的"戴明父"，即是戴昭；"新安"，为戴昭安徽故里。

诗中的"书剑"，指学文学武；"金阊"，指苏州金门、阊门两座城门，代指苏州；"蛩"，即蟋蟀；"余暑"，指入秋后未尽的暑热。诗中所列"梧桐叶又黄""蛩催""余暑""桂香"等词句都归结到秋天这个季节，安徽学子戴昭离吴归皖之时正是秋日，这可从戴冠所作《垂虹别意图卷》序中得到印证，该序结尾之句为"正德戊辰中秋吉旦，浙江绍兴府儒学训导长洲戴冠拜手序"。

杨循吉这首诗在《垂虹别意图卷》中的分量是很重的，这可从戴冠所作之序中看出，序云："（戴昭）将告归，众作诗送之。君谦诗云'垂虹拂帆过'，因题卷曰'垂虹别意'。"之中的"君谦"，即杨循吉，"垂虹拂帆过"即为此诗的尾联上句。

# 祝允明三管齐下垂虹桥

祝允明像

　　祝允明（1460—1526），明书法家、文学家。字希哲，号枝山，长洲（今江苏苏州）人。弘治举人。官广东兴宁知县，迁应天府通判。与唐寅、文徵明、徐祯卿并称"吴中四子"。能诗文，工书法，小楷学钟繇、王羲之，狂草学怀素、黄庭坚，笔势劲健，又能出入变化，自成面目。与文徵明、王宠为当时书家代表。有《怀星堂集》等；又撰有《兴宁县志》，稿今存。

　　祝允明既是书法家，又是文学家，他的这两个特长充分体现在了吴江的垂虹桥上。21世纪初，书法史论家葛鸿桢在翻译美国傅申所著《海外书迹研究》时，发现美国著名收藏家顾洛阜收藏有《垂虹别意图卷》。该图卷由唐寅作画，祝允明则书"垂虹别意"四字作引首。在戴冠作序后，有着众多苏州才子作的诗，其中当然少不了祝允明的诗，是为：

　　　把手江南奇绝处，石栏高拍袂轻分。
　　　胸中故有长虹在，吐作天家补衮文。

《垂虹别意图卷》祝允明引首"垂虹别意"

诗中的"把手"，语出《三国志·魏志·张邈传》："吕布之舍袁绍从张杨也，过邈临别，把手共誓。"意谓指拉手、握手；"袂"，指衣袖；"天家"，指对天子或帝室的称谓；"衮文"，衮指古代天子祭祀时穿的绣有龙形的衣服，文应是纹的通假字。诗的首句将垂虹桥称为"江南奇绝处"，与垂虹桥从初建起即被誉为"三吴绝景"是一脉相承的，可见垂虹桥在祝允明心目中的地位是相当高的；诗的三、四句颇有浪漫色彩，将垂虹桥喻为天上的长虹，且藏于"胸中"，吐作了天子身上衣服的纹彩。

清康熙《吴江县志》载祝允明《志怪录》节选

祝允明对于垂虹桥，除了书法和诗，还有文。他在《志怪录》里说了这么一个"长桥美人"故事：

明代弘治初年，垂虹桥畔有一个老妇，像是一个媒婆，奔走谋取利益。一日，老妪外出了，由幼女守家。幼女忽然见到一个美人，穿着小青衣慢慢步入自己家中。幼女看了下，那美人犹未成年，而姿色艳丽妖冶，妆饰很是瑰丽，好像是有钱人家未出嫁的姑娘。美人问："婆婆在不在？"还说："不在的话，我不能等，下次再来相访。"于是，就出门上画船去了。

老妇回来了，女儿把事情告知。老妇不大在意。到了明天，老妇又出门去了，那美人又来了，幼女便问她姓甚名谁，那美人不作回答。幼女又问她："可有什么言语要转告？"美人用衣袖遮面，羞涩了好久，对幼女说道："想烦请你母亲帮忙找一个佳偶哩！"于是，美人邀请幼女一起出行，看见画舫停在吴淞江堤岸畔，美人邀请幼女一起登上船。船里面布置得很是富丽，且异香扑鼻。茶几上放着一盂枣子，美人取来一些给幼女吃，幼女留了几个放在怀里，回家后把事情经过向老妪相告。待幼女从怀里取枣出来看时，大为惊异，枣子没有了，一个也找不到了。当时，盛传那个美人是水仙龙女。

# 唐寅与垂虹桥

唐寅（1470—1523），明画家、文学家，字伯虎，一字子畏，号六如居士、桃花庵主、逃禅仙史等，吴县（今江苏苏州）人。年二十九，中乡试第一，会试时因牵涉科场舞弊案而被革黜。后游名山大川，致力于绘事，卖画为生。擅山水，多取法南宋李唐、刘松年，兼采元人法，一变斧劈皴为细长清劲线条的皴法，并工人物、花鸟，笔墨秀润峭利，景物清隽生动，工笔、写意俱佳。与沈周、文徵明、仇英并称"明四家"。兼善书法，工诗文。与祝允明、文徵明、徐祯卿并称"吴中四才子"。文以六朝为宗，诗初多秾丽，中尚平易，晚则纵放不拘成格。有《六如居士全集》。

唐寅像

垂虹桥是三吴绝胜，当入唐寅的法眼。翻阅吴江方志，见有他的《松陵晚泊》诗，是为：

晚泊松陵系短篷，埠头灯火集船丛。

人行烟霭垂虹上，月出蒹葭涌水中。

吴江县志　卷四十六

登吴江塔

天深北斗堂不见，更曛丹梯最上层。太华之西自双断，衡山以北阃独凭渔舟渺。猶能不废啸与歌，世間万事不得意，天寒岁暮空蹉跎，呜呼奈尔苍生何。

王守仁

鉝学正友湖水阁

友湖水阁东湖畔，蒋祠新開一徑微。柳橙駁煙春冉冉，竹屏晴日聰曛暉，郊原雨……

赵宏

松陵晚泊

晚泊松陵繫短蓬，埠头灯火集船叢。人行烟霭垂虹上，月出蒹葭渺水中。自古三江多禹迹，长涛五夜起秋风。鲈鱼味老春醪贱，放箸金盘不觉空。

唐寅

徑小雅堂

文徵明　下同

清乾隆《吴江县志》载唐寅《松陵晚泊》

自古三江多禹迹，长涛五夜起秋风。鲈鱼味老春醪贱，放箸金盘不觉空。

诗中的"蒹葭"，芦荻，兼指没长穗的荻，葭指初生的芦苇；"三江"，指太湖流域的吴淞江、东江和娄江；"禹迹"，大禹的足迹，相传大禹曾在太湖一带治水，三吴多地存有纪念他的胜迹，如苏州吴中有禹王庙，吴江震泽有禹迹桥。此诗通过短篷、埠头、灯火、舟船、行人、垂虹桥、月光、蒹葭等景物，形象地描绘了一幅吴淞江畔、垂虹桥头的夜景图。诗的尾联，写到了垂虹桥下的鲈鱼，与南宋诗人杨万里《鲈鱼》中"买来一尾那嫌少，尚有杯羹慰老穷"透露的声息似乎是相通的。

唐寅写垂虹桥的诗还有一首。21世纪初，书法史论家葛鸿桢在翻译美国傅申所著《海外书迹研究》时，发现美国著名收藏家顾洛阜收藏有《垂虹别意图卷》，图卷上有着众多苏州才子作的诗，其中就有唐寅的诗：

柳脆霜前绿，桥垂水上虹。深杯惜离别，明日路西东。欢笑辜圆月，平安附便风。归家说经历，挑尽短檠红。

在《垂虹别意图卷》上，唐寅不仅有诗，更有他的《垂虹别意图》。该图纵二十九点七厘米，横一百零七点六厘米，纸本，水墨画。现藏纽约大都会博物馆藏。翁万戈《美国顾洛阜藏中国历代书画名迹精选》著录。

卷后唐寅自题上面所述这首诗，诗后署名"苏门唐寅"，钤印"唐居士""唐伯虎"。后续明代苏州学者戴冠的《垂虹别意诗序》，时为正德戊辰中秋吉旦，即 1508 年 9 月 9 日。序文后，有祝允明、文徵明、杨循吉等多人的题诗。此图为唐寅送别门人戴昭回皖地所作。

按图右起，山坡渐高，坡下远近杂树八株，垂虹桥隐约树后，仅见十孔，垂虹亭等悉为山坡所遮。桥左杂树七株，通衢大路即在树间。近处一船，行于吴淞江头，舱内二人似在闲话，一人悠然游目，艄子摇橹船尾。远山连绵于桥后。实则吴江东门外未有高坡，故此图为艺术创作，非实景描摹。然所写有明代吴人南下送别，往往止于垂虹桥之俗，极有价值，如图后序文所谓："盖垂虹者，吴地石杠之名也，送昭（戴昭）必于此地为别，使送者可及夕而返故也。"图后题诗中，多垂虹送别佳句，如文徵明："多情最是垂虹月，千里悠悠照别离。"陈键："相送江头水映空，孤舟渺渺下垂虹。"祝续："送君归去上垂虹，霜落吴江几树枫。"

# 文徵明与垂虹桥

文徵明像

文徵明（1470—1559），明书画家、文学家，初名璧（亦作璧），字徵明，以字行于世，号衡山居士，长洲（今江苏苏州）人。与祝允明、唐寅、徐祯卿并称"吴中四才子"。五十四岁以岁贡生荐试吏部，任翰林院待诏，三年辞归。书工行、草，有智永笔意；大字仿黄庭坚，尤精小楷，亦能隶书。画擅山水，师法宋、元，构图平稳，笔墨苍润秀雅，早年所作多细谨，中年较粗放，晚年粗细兼备。兼善花卉、兰竹、人物。名重当代，学生甚多，形成"吴门派"。与沈周、唐寅、仇英并称"明四家"。亦工诗，宗白居易、苏轼，有《甫田集》。

文徵明对于垂虹桥，与沈周、唐寅一样，既有诗，又有画，且画中有诗。先来看他在《垂虹别意图卷》里写的诗：

久客怀归辞旧知，扁舟江上欲行时。

多情最是垂虹月，千里悠悠照别离。

文徵明《垂虹送别图》

明代吴人南下送别，往往止于垂虹桥，这似乎成了一个风俗。此诗后两句可谓是垂虹送别的佳句。

文徵明为垂虹桥所作之画，为《垂虹送别图》。该图纵二十九厘米，横一百零九厘米。绢本，设色画。故宫博物院藏。《中国古代书画图目》第二十册著录。所作时间不详。

此图有嘉靖八年（1529）进士吴地人王谷祥篆书引首"垂虹送别"。画右起为吴江东门城垣、门楼，门下即垂虹桥，经文氏艺术剪裁，桥身只画三孔，桥上有一人，桥左坡底有二人，作话别状。坡左有楼宇一座，望之水天一色，客船扬帆，画左右上皆平林漠漠，远山如黛。左下款"徵明"。画中垂虹桥虽非对景实写，而送别之情，溢于笔墨之中。

卷后有文徵明自题诗一首：

三载松陵重抚绥，忽随征诏向彤墀。
一时目际明良会，百里方怀父母慈。
岁歉具忧民乏食，政成还免众流移。
垂虹桥下棠千树，画属君侯去后思。

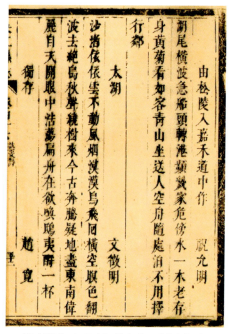

清康熙《吴江县志》载文徵明《太湖》诗

诗的最后，以垂虹桥下的千树棠花作为象征，赠以此画来表达与尊者的作别之情。

翻阅吴江方志，还可见文徵明写吴江其他景物的诗，如清康熙《吴江县志》载有他的《太湖》诗：

> 沙渚依依云不动，
> 风烟漠漠鸟飞回。
> 横空暝色翻波去，
> 绝岛秋声绕树来。
> 今古奔腾疑地尽，
> 东南伟丽自天开。
> 眼中浩荡扁舟在，
> 欲唤鸱夷酹一杯。

此诗虽然写的不是垂虹桥，但写的是以前离垂虹桥仅三里之遥的太湖，读之，可感受到垂虹桥之水上源的风貌。

# 陈凤梧四诗吟长桥

陈凤梧（1475—1541），江西泰和人，字文鸣，号静斋，弘治九年（1496）进士，授刑部主事，历湖广提学佥事、河南按察使，累擢右副都御史、南右都御史，巡抚山东、应天。卒赠工部尚书。

陈凤梧于嘉靖五年（1526）巡抚应天。应天作为巡抚名，置于明宣德五年（1430），驻苏州府，辖南直隶江南诸府及江北安庆府。吴江在应天辖地内，又与苏州近在咫尺，故陈凤梧来过吴江，所乘之船曾泊于吴淞江畔垂虹桥下。明嘉靖《吴江县志》刊有其题为《长桥》的四首七律。

先来看第一首：

明嘉靖《吴江县志》载陈凤梧《长桥》诗

三百红栏俯碧萝，人间天上两银河。

洞庭北望连云杳，震泽东来受水多。

叶落枫林惊旅思，灯明野岸见渔蓑。

画船晚泊虹亭外，细雨斜风洒素波。

首联中的"三百红栏",指垂虹桥的栏杆,据此诗及明弘治《吴江志》所载《垂虹胜概图》,垂虹桥在明代是有栏杆的,而非后见民国初年照片及现今东西所存遗迹是无栏杆的;"两银河",将吴淞江喻为天上的银河。颔联中的"洞庭",指太湖中的洞庭东西山;"震泽",为太湖的古称。颈联上句"叶落枫林惊旅思",从唐代崔信明"枫落吴江冷"句化来,以前,吴江除了别称鲈乡、笠泽等外,也别称"枫江",因吴淞江两岸遍植枫树而名。尾联中"虹亭",指垂虹桥之亭,桥心有垂虹亭,桥东西两块分别有汇泽亭和底定亭。

第二首为:

> 飞桥两岸结青萝,隐隐长虹欲饮河。
> 七泽烟光涵地迥,三高节义感人多。
> 春风雨肆双帘脚,月夜鲈乡一钓蓑。
> 沙鸟风帆何处是,洞庭紫翠照晴波。

颔联中的"七泽",相传古时楚地有七处沼泽,后以七泽泛称楚地湖泊;"三高",指垂虹桥畔三高祠里所祭祀的功成隐退的春秋越国大夫范蠡、弃官归乡的西晋大司马东曹掾张翰和唐代高士陆龟蒙。尾联中的"洞庭",指太湖中的洞庭东西二山。

第三首为:

> 四顾浑无一点尘,烟光分自太湖滨。
> 疑登蝃蝀云间路,遥接蓬莱境外人。
> 胜跨三吴真绝景,地连两浙是通津。
> 观风独有乘骢客,能念东南赤子贫。

颔联中的"蝃蝀",喻指垂虹桥;"蓬莱",泛指仙境。颈联中的"三吴",指吴郡、吴兴和会稽,指代长江下游江南之地,其地域与诗人陈凤梧巡抚应天之辖境相仿;"两浙",指浙东和浙西。尾联中的"乘骢",指侍御史,"乘骢客"当是诗人自指。

第四首为:

分明瀛海隔红尘，天矫苍龙卧水滨。

二十年余重到地，三千里外欲归人。

川流浩浩谁论化，世路茫茫欲问津。

民力东南今已竭，抚绥何以慰饥贫。

　　首联中的"瀛海"，浩翰的大海之意；"天矫"，舒展屈折之意；"苍龙"，喻指垂虹桥。颔联上句"二十年余重到地"，说诗人二十多年曾来到过垂虹桥，此番是旧地重游了；下句"三千里外欲归人"，诗人是江西泰和人，距吴江路程遥远，"三千里外"当是约数。

　　综观这四首七律，对垂虹桥及桥周边景貌作了形象的描述，"三百红栏俯碧萝，人间天上两银河""画船晚泊虹亭外，细雨斜风洒素波""飞桥两岸结青萝，隐隐长虹欲饮河"等都是出彩之句。同时，诗人"观风独有乘骢客"，将自己融合于景观里、诗句中，且"能念东南赤子贫"，并深知"民力东南今已竭，抚绥何以慰饥贫"，以尽巡抚应天诸府之责。

# 徐祯卿诗文写长桥

徐祯卿像

徐祯卿（1479—1511），明文学家，字昌谷，一字昌国，吴县（今江苏苏州）人。弘治进士，官国子监博士，少时与唐寅、祝允明、文徵明齐名，称"吴中四才子"，后与李梦阳等并称"前七子"。论诗主情致，与后来王士禛所倡导的"神韵说"有相通之处。其诗风格清朗，少数作品指陈时事，隐寓讽刺之意。有《迪功集》《谈艺录》等。

关于"吴中四才子"，在民间传说中，徐祯卿不在其内，而在唐、祝、文之后加了个"周文宾"，事实上，周文宾在史书中是没有的，是后人杜撰的。徐祯卿的诗风格清朗，但不擅书画，性格也与唐、祝、文三人有所不同，大概是这个缘故，来了一个相貌秀美的"周文宾"与彼三人"相聚"。

唐寅、祝允明、文徵明三位对于吴江和垂虹桥既有诗文，又有书画，徐祯卿自然不甘示弱，查阅吴江方志和其他有关书籍，见有他多首（篇）诗文写到了吴江和垂虹桥。

在《送耿晦之守湖州》这首诗中，徐祯卿在开头就写到了吴江："远下吴江向雪川，高秋风物倍澄鲜。"在题为《归自松陵》中写道："十里风帆日未斜，江城春晚见桃花。深深门巷无人过，燕子还随客到家。"在《题扇》中吟道："渺渺洞庭秋水阔，扁舟摇动碧琉璃。松陵不隔东南望，枫落寒塘露酒旗。"

徐祯卿写到垂虹桥的文则有他的《异林》，清康熙《吴江县志》刊有其节录：

> 张皮雀，名道修，吴人，父为江西参议，少而好道，后为道士，师事胡风子，胡风子师事莫月鼎，授五雷法，道修得之，驱风雷如神，常怀一皮雀狎小儿，每出，群儿绕之，故时称张皮雀。郡邑请往祷雨，往往大著灵应，后以寿终。翌旦，人于松陵长桥上见之。

关于张皮雀的故事，后来明代文学家冯梦龙据此在《警世通言》第十五卷《金令史美婢酬秀童》中作了更为详细地描述。

徐祯卿写垂虹桥的诗则有《吴江桥亭游眺》：

清康熙《吴江县志》载徐祯卿《异林》节录

清康熙《吴江县志续编》载徐祯卿《吴江桥亭游眺》诗

郡右多丽山，湖南富鲜水。溶溶苍树浮，潆潆白云起。

中土屹衰城，重波泛人市。出郭接修梁，垂穹贯遥沚。

上有临流沟，高风衍清祀。百汇引虚明，诸州拆表里。

隐约云中樯，纷纭隰间籽。宵澄月色阔，风送渔歌靡。

空睇眇不极，瑶胸荡余滓。悟彼扁舟人，伤此尘代子。

　　诗题中的"吴江桥"，指垂虹桥；"亭"，即指垂虹桥桥心的垂虹亭。诗中的"郡右"，指苏州城西；"多丽山"，苏州城西有七子山、上方山、吴山岭等多座山峰；"湖南"，指太湖之南，吴江地处太湖东南，故诗中指吴江。

　　这首诗，在诗人立于垂虹亭所眺目见之中，有太湖和吴淞江的水景，"溶溶苍树浮，潆潆白云起"；有吴江城和东西绵延的垂虹长桥，"出郭接修梁，垂穹贯遥沚"；有垂虹桥畔祭祀范蠡、张翰、陆龟蒙的三高祠，"高风衍清祀"；有水面上的帆樯，"隐约云中樯"；有田间的作物，"纷纭隰间籽"……除了白天的画面，还有夜景，"宵澄月色阔"；除了视觉所见，还有听觉所闻，"风送渔歌靡"。徐祯卿的这首古风把垂虹桥周边的景色描述得可谓详尽了。在诗的结尾，还由景及人，"悟彼扁舟人，伤此尘代子"。

# 吴中名士与《垂虹别意图卷》

　　《垂虹别意图卷》，其由来得从明代安徽学子戴昭说起。他求学苏州，起初跟唐寅学诗，后向薛世奇学治《易经》，再转而从师雷启东，结交了不少吴地名士。正德三年（1508），戴昭离别苏州时得到了众多名士赠诗，唐寅还作《垂虹别意图》，戴昭便将这些吴中名士的诗画作品汇成《垂虹别意图卷》。五百年后，书法史论家葛鸿桢在翻译美国傅申所著《海外书迹研究》时，发现美国著名收藏家顾洛阜收藏有《垂虹别意图卷》。该图卷由唐寅作画，祝允明题"垂虹别意"引首，戴冠作序，苏州众才子作诗三十六首（需要说明的是，这些诗的文字稿在明代人汪珂玉所编的《珊瑚网》中均收有），汪昱作跋。

## 垂虹别意诗序
### 戴　冠①

　　休宁宗弟戴生昭，年富质美。余教绍兴府学时，与其父思端有同谱之好，往来情义甚笃。然思端业贾，什九在外，不能内顾昭，恐昭废学负所禀，因挈来游于吴，访可为师者师之。初从唐子畏②治诗；又恐不知一言以蔽之之义，乃去从薛世奇治《易》；世奇仕去，继从雷启东以卒业。昭为人言动谦密，亲贤好士，故沈石田③、杨君谦④、祝希哲⑤辈皆吴中名士，昭悉得与交，交辄忘年忘情。及昭学渐就绪，去家且久，不能无延闱之思。将告归，众作诗送之，君谦诗云"垂虹拂帆过"，因题卷曰"垂虹别意"。盖垂虹者，吴地石

明代《垂虹别意图卷》（局部）

杠⑥之名也，送昭必于此地为别，使送者可及夕而返故也。昭自来请序。予曰：丈夫立身，莫先于学。不学，则纵富且贵，不过血肉之躯耳。富则败礼乱俗，贵则败政厉下，富贵将安用哉！死则人皆唾詈不已；其所过之地，如孤鸿雪泥，指爪易灭，人亦不齿也。唯人幼而能进于学，以明其理，以修其身，故能入孝出弟，行谨言信；穷则善家厚俗，出则忠君泽民；生则人化之，死则人思之；所历之地，人皆称述而歌咏之。非私也，人心之公道也，古今之直道也。昭生来游吴中，而以明经讲学为务；吴之士夫，亦乐与游。及其去，而送之以诗。即昭他日所历而使人思慕之权舆⑦也；不然则赠昭之言岂徒然耶？昭归以予言谂诸父兄宗族，当必以予言为然。昭字明甫，同余出唐道国忠公⑧胄之后，盖徽之双溪世家云。正德戊辰⑨中秋吉旦，浙江绍兴府儒学训导长洲戴冠拜手序。

注：

① 戴冠：字章甫，自号濯缨，长洲（今江苏苏州）人，明代学者。弘治四年（1491），授浙江绍兴府儒学训导，后归。著有《濯缨亭笔记》《礼记杂说辨疑》《读史类聚》等。

② 唐子畏：即明代画家、文学家唐寅，一字子畏。

③ 沈石田：即明代绘画大师、吴门画派创始人沈周，号石田。

④ 杨君谦：即明代文学家杨循吉，一字君谦。

⑤ 祝希哲：即明代书法名家祝允明，一字希哲。

⑥ 石杠：石桥。

⑦ 权舆：草木发芽，引申为起始。

⑧ 唐道国忠公：指唐初宰相戴胄，逝后追赠道国公，谥号为忠。

⑨ 正德戊辰：即正德三年（1508）。

## 垂虹别意诗

沈周之作，略（见本书《沈周诗画缀垂虹》）。

> 云外晴虹类石桥，送君归省去程遥。
> 树声撼地天将雨，帆影拖风晚带潮。
> 短棹载书维古渡，长亭折柳剩残条。
> 离愁无限相思意，其奈分襟月下箫。
> （谢表次韵①）

注：

① 次韵：此处指谢表之诗按沈周原诗的韵和用韵的次序来和诗。

祝允明之作，略（见本书《祝允明三管齐下垂虹桥》）。

> 相逢忆昔自花村，今忍相违赋此吟。
> 怨鸟啼残归去恨，清风歊动仰高心。
> 半江寒送蘋花雪，一路香浮桂子金。
> 有约明年重过我，不妨杯酒话更深。
> （山塘吴龙）

文徵明之作，略（见本书《文徵明与垂虹桥》）。

相送江头水映空，孤舟渺渺下垂虹。

秋深无限江枫思，欲赠相思苦未工。

（陈湖陈键）

唐寅之作，略（见本书《唐寅与垂虹桥》）。

杨循吉之作，略（见本书《杨循吉诗句题卷名》）。

垂虹桥下碧流长，送子明经返故乡。

道向南归传易理，水流东去过吴江。

卦爻象箸分奇耦，交谊情深各惨伤①。

婺邑晦翁生长地，邻封英俊有余光。

（顾福②）

注：

① 卦爻：《易经》的基本因素，分阳爻、阴爻；象箸：象牙制作的筷子。

② 顾福：（1440—？），字天锡，吴县（今苏州市吴中区）人，进士出身，曾任光禄寺署丞。

秋风振乔柯，客子归意扤①。

落日垂虹桥，停桡待明发。

渺渺兮予怀，望望兮水阔。

暌违不足道，鄙吝谁我豁②。

（吴兴仇复③）

注：

① 乔柯：高枝；扤：撼动。

② 暌违：分离；鄙吝：鄙俗。

③ 仇复：吴兴（今浙江湖州）人，居苏州。

卷束残书上短槎，临行不用叹抟沙①。

唯余似水交情在，相逐云帆送到家。

（古吴练同惠）

注：

① 卷束：卷起捆束；槎：木筏，指船；抟沙：喻聚而易散。

白首忘年交子久，临期握手思难禁。

垂虹桥下有流水，别意与之同此深。

（八十七翁雪厓陈仪①）

注：

① 陈仪：字雪厓，庐山（今属江西）人，居苏州。

枫落江堤晚带烟，行人把袂买归船①。

溪分野色东西路，桥跨清流上下天。

酒为锦心浇磊魂，诗凭玉轴寄留连②。

何时又是逢君日，夜雨联床话昔年。

（东吴厚夆朱侗③）

注：

① 把袂：拉住衣袖，表示亲昵。

② 磊魂：众石累积貌，亦喻胸中不平之气。

③ 朱侗：吴县（今苏州市吴中区）人，字厚夆。

芙蓉动清秋，凉飔拂衣袖。

游子轻别离，执手不可久。

长虹滟滟吴云低，阑干插汉天为齐。

君不见，临邛桥柱侈今古，相如亦是寻常题①。

（吴门陆稷）

注：

① 相如：指司马相如；题桥柱：指司马相如初离蜀赴长安，曾于成都城北升仙桥题句于桥柱，喻对功名有所抱负。

秋江水清兮秋日明，送所昵兮将远行。

判两袂兮何怔营，指归岑兮云英英。

差道阻兮江之程，酒拍拍兮满兕觥①。

君再饮兮延我情。

（射渎徐子立）

注：

① 兕觥：古代酒器。

久客怀乡井，阳阳不遂留。

自知归计好，何用别时愁。

酒尽钟声发，诗成夜气浮。

相逢惜相别，犹欲上江楼。

（黄纹）

秋云随彩动蛟龙，才子行踪气贯虹。

无奈离杯重留恋，不禁吹雨冷江枫。

（皋桥浦碏）

一脉情衷发短篷，西风飘泊任行踪。

于今莫问江南事，夜月晨钟两地同。

（长洲俞符）

临流祖席正清秋，歌罢新词不自由。

此日送君和兴去，何须风雪夜乘舟。

（练全璧）


临岐慷慨掷离觞，仗剑南归发棹郎①。

情似三忠桥下水，远随君梦过钱塘②。

（鲁参）


注：

① 临岐：本为面临歧路，后亦用为赠别之辞；棹郎：船夫。

② 三忠：垂虹桥边有三忠祠。


送君归去上垂虹，霜落吴江几树枫。

堂上有人真倚望，布帆休挂送潮风。

（太原祝续①）


注：

① 祝续：太原（今属山西）人，居苏州。


心怀亲舍远，身上客船忙。

脉脉情千种，匆匆酒一觞。

江波摇落日，枫叶著余霜。

顾此垂虹影，种愁谁短长。

（漕湖①俞全）


注：

① 漕湖：古代苏州一湖泊，在现相城区。

送别江枫日已斜，倚栏把酒思无涯。

惊心白发思乡国，触目青山感物华。

渺渺烟波牵客恨，迢迢秋浦乱芦花。

不堪回首天空阔，一鹜横飞带落霞。

（吴释德璇）


客子匆匆买棹回，临岐相别思悠哉。

石梁照水垂虹远，泽国涵空鸣雁哀。

星斗光铓堪淬剑，风霜牢落且衔杯。

吴门剩有相知在，开遍梅花拟复来。

（长洲邢参①）

注：

① 邢参：长洲（今江苏苏州）人，字丽文，与文徵明、蔡羽交善，时称"东庄十友"，有《邢处士集》等。


乾坤上下恣遨游，独鹗高横万里秋。

剑化延平津水上，钓垂严濑石矶头。

时清不进圮桥履，月白曾携赤壁舟。

不似吕岩空诳世，帆飞直过岳阳楼。

（长洲戴冠）


七泽三湘作胜游，楚天凉雨值新秋。

江湖来往多青眼，山水登临半白头。

赤壁矶荒重吊古，武昌城晚更维舟。

元之虽去清风在，复读遗文上竹楼。

（庐山陈仪）

终岁览江山，得得避复游。

闲云泽国天，野鹤林泉秋。

年少从亲继为宦，急流勇退旋回头。

足迹天下慨无半，犹胜出门莫解舟。

九垓汗漫拟黄鹄，何时叙问城东楼①。

（长洲周同人②）

注：

① 九垓：中央至八极之地；汗漫：广泛。

② 周同人：长洲（今江苏苏州）人。

新安十日程，足为千里游。

江湖志汗漫，仗剑气横秋。

昨逢阿戎与之语，知君楚尾并吴头①。

不须琵琶浔阳郭，泊此书画沧江舟。

飘然明发向何许，长笛一声黄鹤楼。

（长洲朱存理②）

注：

① 阿戎：称堂弟。

② 朱存理：明学者、鉴赏家，字性甫，长洲（今江苏苏州）人。

壮怀未易惬，直作汗漫游。

长啸楚江晚，浩歌彭蠡秋。

一函图书随所适，相逢谁不甘低头。

春风帆樯薄南郭，飘作桃源神仙舟。

为问贤郎读书处，古濠东畔元龙楼①。

（吴郡俞全②）

注：

① 元龙楼：指三国陈登的百尺楼，陈登字元龙。

② 俞金：长洲（今江苏苏州）人。

　　　　人生示弧矢，志已在远游①。

　　　　彼昏罔克知，苟延春与秋。

　　　　佳山佳水目未睹，种种白发已满头。

　　　　幡然便欲出门去，光景又若逝水舟。

　　　　何如戴君游汗漫，朝登楚阁暮秦楼。

注：

① 弧矢：指从小立大志。

　　　　江枫未摇落，江水正澄清。

　　　　水色君颜色，相思无限情。

　　　　（应祥）

　　　　瑟瑟西风透客衣，怀乡情与雁南飞。

　　　　夕阳枫叶吴江上，一片秋光送马蹄。

　　　　（海观陆南）

　　　　宝带秋波启别筵，垂虹晚日送行船。

　　　　白云似与越山隔，明月还同吴地悬。

　　　　后夜相思各杯酒，来年重会剩诗篇。

　　　　殷勤再写桥头景，江冷丹枫岁暮天。

　　　　（长洲朱存理）

相见无几又送君，江枫洒洒话殷勤。

橹声摇落山头日，帆影冲开溪渌云。

柳剩残枝犹可折，词将前意不堪闻。

归家谈及吴中事，挑尽寒灯坐夜分。

（荇泾顾桐）

重别垂虹秋正云，相思从此散鸥盟。

东南一水分吴越，书剑十年如弟兄。

黄叶不堪风雨路，孤舟忍共酒杯情。

归来有梦君何处，明月杭州第几程。

（城南钦遵）

松陵一水卧长虹，多少行人感慨中。

此日送君无限意，萧萧黄叶与丹枫。

（昌溪王侁）

## 跋垂虹别意卷后

苏、徽，古吴越地，今俱直隶为邻封①，故徽之客于苏者甚众且久，至历几星霜②忘归者，必其山川、人物可嘉而可乐欤。苏多名士，善诗赋，为诸藩称首。戴君明甫与之游，获其诗累卷，抑明甫之言语、事为、忠信、笃敬，可欲而可慕欤？不然，何客苏者非一明甫，别垂虹者亦非一明甫，而独能致诸名士重之以辞。若是也，明甫得此，诚知重璠玙③矣。使徒知重之而不知所以重，恐非赠言者之本意，唯勉于学、慎于德，所谓忠信、笃敬者，益加修省而精进焉，则徽士将不忍与之别而去，苏士又不忍与之别而归矣，岂非吾徽之光，斯卷之华哉！窃意赠言者之意，固如此。余敢附言于卷末者，意亦如此。也若夫纪述之详，勉进之切，则橡庵先生之言诚然，余复何言。正德甲戌④孟冬月既望，眷生⑤顾斋汪昱书

**注 :**

① 邻封 : 本为相邻的封地，泛指邻地。

② 星霜 : 指年岁。

③ 璠玙 : 美玉名，泛指珍宝。

④ 正德甲戌 : 即正德九年（1514）。

⑤ 眷生 : 旧时尊长对姻亲晚辈的自称。

# 文嘉与垂虹桥

文嘉（1501—1583），明画家，字休承，号文水，长洲（今江苏苏州）人，文徵明次子，官至和州学正。继承家学，书工小楷，画擅山水，笔墨秀润，兼能花卉。好作诗，精于鉴别古书画。著有《铃山堂书画记》。

文嘉与其父文徵明一样，对于垂虹桥既有诗，也有画。诗在沈周之画《垂虹桥》，这一幅画里有沈周、江文、文嘉、王穉登、王世贞等五人的题诗，其中文嘉的题诗为：

文嘉像

太湖三万顷，垂虹截其流。

泊舟步桥上，明月当清秋。

该诗从垂虹桥下之水吴淞江的上源太湖起笔，以垂虹秋日夜景收笔。

文嘉为垂虹桥画的是《垂虹亭图》。该图纵三十一点八厘米，横一百零六点五厘米，纸本，设色画。明嘉靖二十年（1541）作。苏州博物馆藏。《中国古代书画图目》第六册著录。

文嘉《垂虹亭图》

　　此图右起，作茂林坡岸，树后垂虹桥出，桥面平而无起伏，画二十余孔。垂虹亭颇陋，四柱坡顶，亭后一木梁通岛屿，岛上树间有屋两椽，应为太湖庙，考清乾隆《吴江县志》卷七："太湖庙，祀太湖之神……万历十四年，知县江钟廉移置垂虹亭南。"桥上有二人，且行且语；桥前，一舟饱帆而行；桥后，笠泽无边，烟波浩渺；桥左行，隐没于密林山坡之后，又有佛寺佛塔，即宁境华严讲寺；寺后，汀渚、平林，远山如黛，一片江南景色。款识："辛丑（明嘉靖二十年，即 1541 年）冬仲，茂苑（又名长洲苑，后作苏州的代称）文嘉。"钤朱文印"休承""文水"。图后有明代吴江诗人王叔承题诗，上款为明"后七子"之一的吴明卿所题。

　　文嘉《垂虹亭图》原为吴江北厍大胜村柳氏家藏，1958 年柳亚子先生逝世后，由范烟桥征询柳夫人郑佩宜同意，将原拟捐赠给中国历史博物馆的柳亚子相关文物、文献，转而捐献给苏州文博部门，此图亦在其中，现藏苏州博物馆。

# 钱谷的《垂虹桥》图

钱谷（1508—1587），明代著名书画家，字叔宝，自号悬磬室，吴县（今江苏苏州）人。少孤贫，失学，家无典籍，游文徵明门下，每日取架上书读之，以其余功点染水墨，便学心通。其画山水爽朗可爱，兰竹兼妙，"翩翩不名其师学，而自腾踔于艺苑名公间"。善书，手录古文金石书几万卷。行书效法苏轼，篆书效法李斯、李阳冰，小楷效法虞世南、欧阳询，"每得其妙于法外，识者以为真有渴骥奔猊、漏痕折钗之势。然为画掩，世罕知者"。

钱谷《垂虹桥》

钱谷其画有《白岳游图册》，上有《垂虹桥》一图。该图纵二十九点一厘米，横三十厘米，纸本，设色画。《故宫书画图录》（台北）第二十二册著录。全册十八开。

册页画自苏州葑门启程，过宝带桥、垂虹桥往浙、皖，抵白岳（今安徽齐云山）。《垂虹桥》一开，钤印白文"钱氏叔宝"。首页，有南京太仆寺主簿、书法家许初篆书题头及小楷款："白岳游。磬室子在嘉靖丁未（1547）为兹游，丙寅（1566）乃想象作此。始吴门，道浙江，入睦州，溯歙溪，至白岳而至，图凡十有八纸。隆庆己巳（1569），吴人许初题。"

《垂虹桥》为第四开。按图右起，坡岸柳树、渔罾，房舍、水榭联宇，后为吴江县东门"朝阳门"城垣。城下即垂虹桥，桥中段有三拱特高，后为垂虹亭，前有附屋通道，亭为重檐，前为拱门，左右有窗。后有木梁平桥，联通岛屿，岛上复有一亭，颇陋，四柱坡顶而已。桥左，坡岸密林，后有兰若佛塔，即宁境华严讲寺。桥之前后，舟行匆匆。太湖上群山壁立，稍显夸饰。

# 王世贞赞曰"吴江长桥天下稀"

王世贞像

　　王世贞（1526—1590），明代文学家，字元美，号凤洲、弇州山人，太仓（今属江苏）人。明嘉靖进士，官至南京刑部尚书。因其父为严嵩所害，曾作长诗《袁江流钤山冈》《太保歌》等，揭露严氏父子罪恶。王世贞与李攀龙同为"后七子"首领，主张散文唐以后勿论，诗采汉魏六朝与盛唐诸家，倡导复古模拟，晚年主张稍有改变。对戏曲也有研究，所撰《艺苑卮言》，是其文学观点的汇集，其中论述南北曲产生原因及其优劣，时有创见。有《弇州山人四部稿》等。一说传奇剧本《鸣凤记》也是他的作品。

　　浏览吴江方志，可见王世贞为吴江写的诗文不少，如诗有为平望莺脰湖洗天浴日亭写的《洗天浴日亭月夜与周天球诸友弟世懋饮别》，为震泽普济寺写的《过普济废寺遇秋空上人》，为明代铜罗诗人王叔承写的《咏王山人叔承》等，文有为明代平望人、弘治进士、正德吏部尚书周用写的《周恭肃公用像赞》等，他为垂虹桥写的诗虽然不多，但《游吴江桥》这一首为吴江人所乐道：

吴江长桥天下稀，七十二星烟霏霏。
桥上酒胡青帘肆，桥边浣女白苎衣。
桃花水涨月初偃，莲叶雨晴虹欲飞。
北客风尘初极目，倚阑秋色澹忘归。

清乾隆《吴江县志》载王士贞《游吴江桥》

其首句"吴江长桥天下稀"，虽是溢美之句，但也是说得实在。垂虹桥从北宋初建起，就以"江南第一长桥"而闻名遐迩，"东吴名胜""三吴绝景"之誉接踵而来，曾名列"中国四大名桥"。许许多多的诗人、词人和书画家为垂虹桥吟诗诵词，泼墨作画，这在中国桥梁文学史和美术史上恐是绝无仅有的。

诗中的"七十二星"，指垂虹桥的桥洞有七十二孔，这与吴江方志"营建卷·桥梁"上记为六十二孔有所差别。关于垂虹桥易石重建后的孔数，也有多于六十二孔之记载。可能在历史上曾由于重建重修之因，其孔数有所变化。

诗中的"酒胡"，又称劝酒胡，是古代酒席上佐酒助兴的木偶戏具，刻木为人的形象，放置在盘中，左右欹侧如舞，时间长了便倒下，视其传筹所到的地方或倒时所指向的人饮酒。

诗尾联中的"北客"，指北方南来之人；"倚阑秋色澹忘归"，可见来到垂虹桥的游客，倚着栏杆眼望着"垂虹秋色"的美景就会心生爱意，乐而忘返。

王世贞写垂虹桥的诗还有一首，为明代著名画家、诗人沈周所作之画《垂虹桥》中的题诗，是为：

载酒垂虹桥，鼓吹吹溟发。
瞥见金波流，七十二残月。

诗中的"七十二残月"，系喻指垂虹桥的桥洞。

# 王叔承三诗吟垂虹

　　王叔承（1537—1601），初名光允，字叔承，晚年更名灵岳，字子幻，号昆仑山人，明代吴江严墓（今桃源镇铜罗社区）人。少时家贫，出赘于梅堰秋泽村钱氏。钱氏以鬻豆腐为业，每天五更起磨豆，王叔承则携书就灯下读书，岳父岳母对他不善。王叔承因而慨然出门。后入京师，诗才得以展现。他的足迹几乎遍于天下，所结义者亦当贤杰。所著诗卷繁富，为诗豪宕莽苍，天才烂发，为王世贞兄弟所称誉。尝纵观西苑园内之胜，作汉宫曲数十阕，流传宫中。晚年倦游，归于严墓。有《吴越游编》《楚游编》等。

　　浏览吴江和苏州方志，见有王叔承写垂虹桥的三首诗。一为七言古风《垂虹亭酬吴明卿见赠》，该诗还刊在明代书画家文嘉《垂虹亭图》后，全诗为：

　　　　白虹垂天通水邦，玉洲宝塔标云幢。
　　　　石梁插波七十二，野航白鸟飞成双。
　　　　五湖一点落杯底，青山片片明船窗。
　　　　故人把手恍春梦，地主却得徐吴江。
　　　　忆昔相逢快燕市，侠气凭陵天欲徙。
　　　　自诧奇才举世倾，长怜酒态横空起。
　　　　百杯吸尽吐千言，往事依然挂人耳。
　　　　吴酒重开二十年，楚帆忽到三千里。
　　　　问余半百君六旬，吾失故吾尔犹尔。

病笑残骸竹叶寒，老矜华发干将倚。

楚曲吴歈不堪理，海岳相骄有时已。

君不见，汝辈中原争士子，转眼英雄强半鬼。

又不见，吴明卿、王元美，昙阳观中人学仙。

黄鹤楼头客不死，我亦吴江道赤鲤。

一片狂心化空水，酒经诗草欲烧却。

万古浮名为君洗，打破乾坤竟无始。

　　诗题中的吴明卿，即吴国伦（1524—1593），明代嘉靖、万历年间著名文学家，字明卿，号川楼、惟楚山人、南岳山人，明武昌府兴国州（今属湖北阳新县）人，嘉靖二十八年（1549）中解元，翌年中进士。与李攀龙、王世贞、谢榛、宗臣、梁有誉、徐中行等人并称为"后七子"。诗中"燕市"，指燕京，即今北京；"问余半百

清乾隆《震泽县志》载王叔承　　　　　　　清乾隆《吴江县志》载王叔承诗

君六旬","余半百"指诗人王叔承当时五十来岁,"君六旬"指吴明卿当时六十来岁,王叔承生于1537年,吴明卿生于1524年,两人相差十来岁;"王元美",指明代文学家王世贞(1526—1590),字元美;"昙阳观",太仓城西南原有昙阳观,为万历年间当地人为王锡爵之女王焘贞(法号昙阳子)所建;"赤鲤",赤色鲤鱼,传说中仙人所骑。该诗前面六句,描述了垂虹桥及周边的景物,近处的垂虹长桥、桥边玉洲、华严宝塔等,远处的太湖碧波、洞庭东西二山等,都以白描的形象出现在读者眼前。

二为五言律诗《晚渡太湖泊长桥鲈乡亭即景》:

> 湖净空于镜,流云带夕阳。杯浮山色嫩,船载雨声凉。
> 归及鲈鱼上,行同鸥鸟翔。月明今夜梦,应在荻花傍。

诗题中的"长桥"为垂虹桥的俗名;"鲈乡亭",该亭旧在垂虹桥西堍水边,宋熙宁三年(1070),知县林肇建,亭名取龙图阁直学士、参知政事陈尧佐《吴江》诗中句"秋风斜日鲈鱼乡"之意。亭建成后,林肇从亭下乘船弃官归去,留下《鲈乡亭》一诗:"脍鲈珍味是吴乡,丞相曾过赋短章。新作水斋堪寓目,旧停桂棹有余光。满前野景烟波阔,自后秋风意气长。莫待东曹归忆此,分惬居在碧洲旁"。后亭废,明代重建。

三为七言律诗《风雨泛太湖宿松陵长桥漫兴》:

> 群飞鸥鹭逐筼筜,予亦扬帆赴杳冥。
> 洒鬓湖风寒气白,打船春雨浪花青。
> 水边万树来江县,云里双峰出洞庭。
> 七十二桥灯火乱,野烟沽酒宿渔汀。

诗中的"筜",为生长在水边的大竹子;"杳冥",指天空,高远之处;"双峰",指太湖东西二山;"洞庭",指太湖。此诗通过鸥鹭、竹子、帆船、浪花、树木、山峰、桥洞、渔汀等景物,描述了一幅太湖、吴淞江和垂虹桥的暮色图。

# 张元士的《垂虹亭》图

　　张元士，明代隆庆万历时画家，号支峰，吴县（今江苏苏州）人。工花鸟，善写生。隆庆六年（1572）时，仿南宋画家赵孟坚画水仙图。

　　张元士画有《垂虹亭》图。此图系明代画家陆士仁等所作《江左名胜图》册页之一，纵二十五点五厘米，横五十厘米，绢本，设色画。南京博物院藏。《中国古代书画图目》第七册著录。所作具体时间不详。

　　全册三十四开，书画各半，所画分别为：苏州石湖、洞庭湖君山、镇江金山、吴淞江泖湖、宜兴玉女潭、苏州虎丘、吴江垂虹亭、太湖具区、昆山、常熟虞山、

张元士《垂虹亭》

镇江焦山、无锡惠山、苏州天平山、东海、苏州枫桥。由此册可知，吴江垂虹桥，名列江左诸名胜之中。

张元士的《垂虹亭》，构图自左下而右上，画垂虹桥全景。左下为坡岸疏林，间以屋宇，林后为宁境华严讲寺及塔。循桥而去，有行人漫步。中为垂虹亭，坡顶小屋而已，亭后通一岛屿，中有一院落。院前有简易门楼，院中屋宇三椽，中高两低。院外杂树围植，即太湖庙。桥右，房舍树木，吴江东门及城楼巍然矗立，远望太湖，帆影点点。桥前，吴淞江内亦有一岛，上有一屋，左右植树，即浮玉洲三高祠。款识："垂虹亭。吴民张元士。"附隆庆二年进士、太仓人王周绍题《分赋垂虹亭》诗："虚亭崒嵂俯江皋，亭外垂虹压怒涛。览胜每闻停驷马，怀贤空复想三高。凭栏风月同牛渚，接槛烟云护豹韬。落日一尊开祖帐，禽声花影恋旌旄。"

# 冯梦龙话本叙垂虹

冯梦龙像

　　冯梦龙(1574—1646),明文学家、戏曲家,字犹龙,别署龙子犹、顾曲散人、墨憨斋主人等,长洲(今江苏苏州)人。曾任寿宁知县。清兵渡江时,参加过抗清活动,后死于故乡。其思想受市民意识的影响。一生精力,主要从事小说、戏曲和其他通俗文学的研究、整理与创作。编选的作品中,有许多体现了与传统不同的道德观念。辑有话本集《喻世明言》《警世通言》《醒世恒言》,世称"三言"。此外还编有时调集《挂枝儿》《山歌》,散曲集《太霞新奏》,笔记《古今谈概》等,并改写小说《平妖传》《新列国志》。戏曲创作有传奇剧本《双雄记》,并修改汤显祖、李玉、袁于令诸人作品多种,合称《墨憨斋定本传奇》。

　　冯梦龙在《喻世明言》中有一篇白话小说,名《李公子救蛇获称心》,其故事就发生在垂虹桥上。该故事说的是宋代神宗朝熙宁年间,汴梁杞县知县李懿的儿子李元在吴江垂虹桥救下了一条生得极为奇异的蛇。只见这条蛇是金眼黄口,赭身麒麟,体如珊瑚之状,腮下有绿毛,可长寸余。李元救下蛇后得到了极为丰厚的回报。

　　冯梦龙在讲述这个故事中,对垂虹桥、垂虹亭及周边的一些景观作了诸多描写:

……是日申牌时分，李元舟中看见吴江风景，不减潇湘图画，心中大喜！令艄公泊舟近长桥之侧。元登岸上桥，来垂虹亭上，凭栏而坐，望太湖晚景。李元观之不足，忽见桥东一带粉墙中有殿堂，不知何所。却值渔翁卷网而来，揖而问之："桥东粉墙，乃是何家？"渔人曰："此三高士祠。"李元问曰："三高何人也？"渔人曰："乃范蠡、张翰、陆龟蒙三个高士。"元喜，寻路渡一横桥，至三高士祠。入侧门，观石碑。上堂，见三人列坐，中范蠡，左张翰，右陆龟蒙。李元寻思间，一老人策杖而来。问之，乃看祠堂之人。李元曰："此祠堂几年矣？"老人曰："近千余年矣！"元曰："吾闻张翰在朝，曾为显官。因思鲈鱼、莼菜之美，弃官归乡，彻老不仕。乃是急流中勇退之人，世之高士也。陆龟蒙绝代诗人，隐居吴淞江上，唯以养鸭为乐，亦世之高士。此二人立祠，正当其理。范蠡乃越国之上卿，因献西施于吴王夫差，就中取事，破了吴国。后见越王义薄，扁舟遨游五湖，自号鸱夷子。此人虽贤，乃吴国之仇人，如何于此受人享祭？"老人曰："前人所建，不知何意。"李元于老人处借笔砚，题诗一绝于壁间，以明鸱夷子不可于此受享。诗曰："地灵人杰夸张陆，共预清祠事可宜。千载难消亡国恨，不应此地着鸱夷。"题罢，还了老人笔砚，相辞出门……

此段文字中对垂虹桥畔三高祠祀春秋时越国大夫范蠡的议论与元代诗僧善住之诗句"越国谋臣吴国仇，如何庙食此江头"如出一辙，说范蠡是越国的谋臣，与吴国有仇，帮助越王勾践实施"美人计"灭亡了吴国，吴江吴淞江畔、垂虹桥头是吴国的地方，怎么在庙里供奉昔日的仇敌呢？

接下去，冯梦龙在文中还对垂虹桥和垂虹亭作了如下描述：

……到长桥时，日已平西。李元教："暂住行舟，且观景物，宿一宵，来早去。"就桥下湾住船，上岸，独步上桥，登垂虹亭，凭阑伫目，遥望湖光潋滟，山色空蒙；风定渔歌聚，波摇雁影分……

《喻世明言》虽是通俗文学读本，但冯梦龙对垂虹桥的描述倒也有些诗情画意。

# 张宏的《垂虹晚渡》图

　　张宏（1577—1652），明代著名画家，字君度，号鹤涧，吴县（今江苏苏州）人。善画山水，重视写生，笔力峭拔，墨色湿润，层峦叠嶂，秋壑深邃，有元人古意。他的山水画以石面皴染结合为特色，为明末吴门画坛的中坚人物。他主要宗法沈周、文徵明，并上追元四家和米芾、董源、巨然，又兼学北宋李成、郭熙和南宋李唐、夏圭融合而成自身风格。

　　张宏平生喜好游历名山大川，注重外师造化，汲取绘画养分，藉以开拓创作

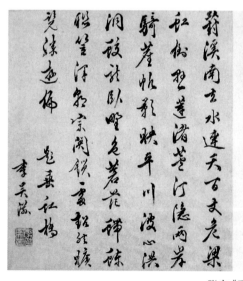

张宏《垂虹晚渡》

视野和体悟艺术真谛。所作人物画，线条疏朗，形神俱佳，散聚得宜，皆具天然逸趣。传世作品有《栖霞山图》《西山爽气图》《兰亭雅集图》等。在文献记载中，张宏1652年画过一幅《蜀葵图》，这是他一生中留给人们的最后信息。

张宏画有《垂虹晚渡》，此图系张宏等七人所作《苏台胜览图》册页之一，纵三十点八厘米，横二十八点六厘米，绢本，设色画。款著崇祯丁丑，即1637年。上海博物馆藏。《中国古代书画图目》第四册著录。

全册十开，画苏州名胜，分别为：《尧峰秋霁》，张宏作，画木渎尧峰；《天平春晓》，张敦复作，画天平山；《虎山落照》，袁尚统作，画光福虎山桥；《石湖烟雨》，盛茂烨作，画石湖；《阳谷秋容》，沈颢作，画西山消夏湾；《蟠螭□艳》，张时芳作，画光福蟠螭山；《支硎春晓》，邵弥作，画苏州西郊支硎山；《虎丘夜月》，袁尚统作，画虎丘山；《垂虹晚渡》，张宏作，画吴江垂虹桥；《灵岩积雪》，邵弥作，画木渎灵岩山。由此册可知，晚明时以上十景并列苏台名胜。

张宏的《垂虹晚渡》，右起坡岸林下，一人拱手作送别状，时舟已远去。垂虹桥横于画中，只画九孔，中孔隆然，未画垂虹亭。右上有佛寺浮屠，为宁境华严讲寺。桥左有疏林屋宇。此画亦非完全写实，不过糅杂垂虹桥周围景色而成。此开附万历四十七年（1619）进士、吴县人李吴滋题《垂虹桥诗》："菩溪南去水连天，百丈危梁虹倒悬。莲渚芦汀隐两岸，骑尘帆影映平川。波心洪洞蛟龙卧，野色苍茫蟛蜞联。笠泽朝宗关锁处，超然旷览胜游偏。"

# 张溥柳如是相会垂虹桥

　　清代初年，吴江南麻出了一个文学家，名叫钮琇（1644—1704），他写了一本著名的笔记小说《觚剩》。这本书的卷三《吴觚下·河东君》里记载了张溥与柳如是相会垂虹桥的一段轶事。

　　张溥（1602—1641），字乾度，一字天如，号西铭，明代南直隶苏州府太仓州（今江苏太仓）人，明朝晚期文学家。崇祯四年（1631）进士，选庶吉士，自幼发奋读书，明史上记有他"七录七焚"的佳话，与同乡张采齐名，合称"娄东二张"。张溥曾与郡中名士结为复社，评议时政，是东林党与阉党斗争的继续。文学方面，张溥推崇前后七子的理论，主张复古，又以"务为有用"相号召。一生著作宏丰，编述三千余卷，涉及文、史、经学各个学科，精通诗词，尤擅散文、时论，代表作有《七录斋集》《五人墓碑记》。

　　柳如是，钮琇记道：河东君柳如是，名是，一字蘼芜，本名爱，柳其寓姓也。丰姿逸丽，翩若惊鸿。性狷慧，赋诗辄工，尤长近体七言，作书得虞（世南）、褚（遂良）法。年二十余，归虞山蒙叟钱宗伯（钱谦益），而河东君始著。

　　张溥与柳如是相会于垂虹桥，钮琇这么记道：

　　　　先是我邑盛泽归家院，有名妓徐佛者，能琴，善画兰草。虽僻居湖市，而四方才流，履满其室。丙子（崇祯九年，1636 年）春，娄东张西铭（即张溥，号西铭）以庶常在假，过吴江，泊垂虹亭下，易小舟访之。（徐）佛他适（去），其弟子曰杨爱，色美于徐（佛），绮谈（言辞）雅什（诗文），亦复过之。

张溥雕像

柳如是

西铭一见倾意，携至垂虹，缱绻而别。（杨）爱于是心喜自负，谓："我生不辰，堕兹埃盍。然非良耦，不以委身。今三吴之间，簪缨云集，膏粱纨袴，形同木偶，而帖括（科举应试）咿唔（吟诵诗文），幸窃科第者，皆伧父（粗俗鄙贱之人）耳。唯博学好古，旷代逸才，我乃从之。所谓天下有一人知己，死且无憾。矧（况且）盛泽固驵侩（经纪人）之薮也，能郁郁久此土乎？！"

杨爱自与张溥等文人交往后，便将自己的名字，按辛弃疾《贺新郎》中词句"我见青山多妩媚，料青山见我应如是"，易"杨"以"柳"，而"是"其名，取字"如是"。后柳如是嫁于常熟大文豪钱谦益，钱为其筑"我闻室"，演绎出诸多诗词佳话。

# 杨绛子构园居垂虹

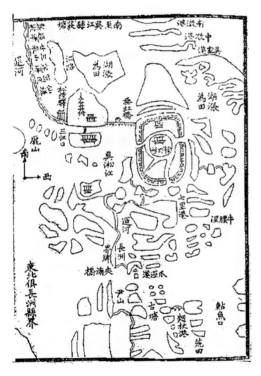

清《吴江水考增辑》载吴江县城周边水流图
（垂虹桥在中上方）

清人柴紫芳《芦峰旅记》中记述，河东君柳如是初名杨爱，字影怜，居住在盛泽归家院，"遗址犹可仿佛"。自从嫁与常熟钱谦益之后，其妹杨绛子犹居住在吴江垂虹亭畔，不与人往来，后抵押钏镯得千余金，构筑了一个小园于垂虹亭畔，每日诵读《楞严经》《金刚经》等佛经，归心禅悦（令修习者享受到常人无法享受到的"禅悦"或"三昧乐"，是佛教所说定心的一大功用），颇有警悟。她曾经谒拜木渎灵岩、苏州西郊支硎等山，"布袍竹杖，飘遥闲适"。寻到一处慧泉，溯大江而上，探江西匡庐，入四川峨眉，题诗铜塔，终于归隐。柳如是数次写诗招她归来，始终没有回应。

杨绛子著有《灵鹊阁小集》行世。其中《高阳台·春柳·寄爱姊》一阕云：

过雨含愁，因风助态，江南二月春时。少妇登楼，怜他几许相思。流莺处处啼声巧，织柔条，摇曳丝丝。散黄金，持赠旗亭，劳燕东西。

逢人莫便纤腰舞。纵青垂若辈，浊世谁知。张绪风流，灵和情更依依。天涯一霎花给候，也应嗟，坠溷沾泥。怨东风，吹醒芳魂，吹老芳姿。

阅读此阕词，从中不难看出杨绛子对世态的淡漠与清醒的认识，是她对人生的诠释。为何如此，这与她归隐佛门外，与她曾构筑小园居于垂虹亭畔是不无关系的。

# 沈宜修伤悲之情付垂虹

　　沈宜修（1590—1635），字宛君，明末吴江女诗人，万历二十三年（1595）进士沈珫之女。"十六来归（出嫁），琼枝玉树交相映带，吴中人艳（羡慕）称之"。其夫叶绍袁（1589—1648），明天启五年（1625）进士，任工部主事，反对魏忠贤阉党

清乾隆《吴江县志》载沈宜修

《午梦堂全集》（吴江张舫澜藏）

而以母老为由告归，隐居分湖，入清，离家出走，遁入空门。其五女八男均有文采，长女叶纨纨、次女叶小纨、三女叶小鸾、五女叶小繁、三儿媳沈宪英均工诗词，并著有诗集。六子叶燮著有诗论专著《原诗》。有《鹂吹集》（一作《午梦堂遗集》）、《伊人思》、《梅花诗》等。

对于邑中第一名胜垂虹桥，沈宜修当然很是熟悉，故写下一诗，是为《七夕后一日泊垂虹有感》：

> 风吹隔岸芰荷香，徒对繁华人自伤。
> 肠断独怜波底月，依然流恨向潇湘。

诗中的"芰荷"，指菱叶和荷叶；"潇湘"，古代诗作中常指泪水。此诗的主基调是伤感，虽然隔岸飘来芰荷之香，垂虹桥一带以前是吴江东门外江南市，甚是繁华，但在诗人的嗅觉和视觉里，都是那么的令人伤悲。这与她家的境遇有关，丈夫一直隐居在家，婆婆去世后，长女叶纨纨、三女叶小鸾相继早早离世，悲痛之事接二连三，怎不叫人"肠断独怜波底月，依然流恨向潇湘"呢？

令人感到尤为可惜的是，沈宜修由于"神伤心死，幽忧憔悴"，作此诗后，"未几而卒"，一门女诗人大多早早地离开了人世。

# 夏完淳与垂虹桥

**夏完淳与父夏允彝**

　　夏完淳（1631—1647），南明抗清将领、诗人，原名复，字存古，松江华亭（今上海市松江区）人。十四岁从父夏允彝、师陈子龙起兵抗清。允彝兵败自杀后，又与陈子龙等倡义，受鲁王封为中书舍人，参谋太湖吴易军事。易败，他仍为抗清而奔走。被捕后不屈被杀。所作诗赋，抒发政治抱负，反映其斗争经历，悲歌慷慨，有《南冠草》《续幸存录》。

　　夏完淳与垂虹桥的关联，要从上面所述到的吴易说起。吴易（1612—1646），字日生，号朔清，江苏吴江柳胥村人，明嘉靖刑部尚书吴山之曾孙，崇祯十六年（1643）进士，隐居家乡不仕。弘光帝时，他与好友孙兆奎到扬州投奔史可法，上呈《中兴末议》，任职方主事，兼监军。翌年四月，吴易奉史可法之命率船队赴江南筹集粮草。扬州失守，史可法阵亡。他率船队开赴吴江，扎营太湖。五月，起兵反清，协助明吴江县令保卫吴江城。明吴江县令弃城而走，县丞朱庭佐降清。吴易夜闯县衙将朱斩首，攻占吴江城。不久，清兵夺回吴江城，他率部退守长白荡，出没五湖三泖间。八月，清总兵吴胜兆破吴易军，吴易父妻女皆死，只身泗水逃脱。清顺治三年（1646），乡人周瑞复聚众长白荡反清，吴易入营主事。正月十五日，吴江城内闹元宵，吴易趁机再度攻占县城，斩县令孔允祖，并击败来救援的清军，杀清总兵汪茂功。吴易被南明隆武帝任命为兵部尚书，总督江南诸军，封忠义伯，鲁王也封他为长兴伯。当时，江南各路义军凭借吴易声势，连克长兴、海盐、金山卫。清嘉善知县刘肃之佯称归顺义军。六月，吴易至嘉善与倪抚合营，集饮于孙璋家，被捕，解往杭州。清总督张存仁许以官，劝剃发，吴易不肯，就义于杭州草桥门。临刑前，吴易面北而拜，曰"今日臣之志毕矣"。衣冠冢建于吴江柳胥村。

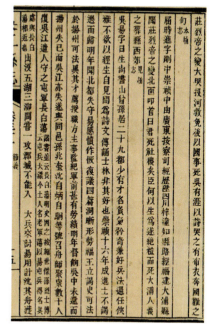

清乾隆《吴江县志》载吴易

夏完淳正是在闻悉吴易的死讯后，泣而赋古风《吴江野哭》六首。其前两首为：

江南三月莺花娇，东风系缆垂虹桥。
美人意气埋尘雾，门前枯柳风萧萧。

有客扁舟泪成血，三千珠履音尘绝。
晓气平连震泽云，春风吹落吴江月。

诗中的"垂虹桥"是吴江的第一名胜；"震泽"，即太湖，以前距垂虹桥仅三里之遥；"吴江"，即垂虹桥下之水吴淞江。这些景物在诗中，都成了歌颂英烈、哀悼师友的意象。数百年过去了，面对《吴江野哭》诗，还使人读之震悼，闻之饮泣。难怪吴江籍近代著名诗人柳亚子在青年时期读了夏完淳的诗后，仰慕不已，写下了"悲歌慷慨千秋血，文采风流一世宗。我亦年华垂二九，头颅如许负英雄"的诗句，以自比自励。

清代

# 朱鹤龄诗记垂虹中秋灯市

朱鹤龄（1606—1683），明末清初学者，江苏吴江人，字长孺，号愚庵，初专力词赋，尝笺注杜甫、李商隐诗。明亡后，绝意进取，屏居著述，晨夕不辍，行不识途路，坐不知寒暑，人或谓之愚，遂自号愚庵。及与顾炎武友善，深思力于经学，颇有造诣。与周至李颙、余姚黄宗羲、昆山顾炎武并称为"四大布衣"，著有《愚庵诗文集》《读左日钞》等。

清兵入关后，朱鹤龄毅然绝意科名，其思想情感逐渐向东晋陶渊明靠拢，走向归隐之路。他选中吴江县城东庞山湖滨，筑了居室，名江湾草庵，过起隐居生活。江湾草庵引来了当时的一批名流，常熟钱谦益、本邑顾有孝等人常来趋访晤叙。江湾草庵距垂虹桥约六里，而中秋灯市是垂虹桥的一大特色。清乾隆《吴江县志》卷三十九《节序》载曰："八月十五日，旧志云谓之中秋，是夕，人家有赏月之燕（同宴）或携榼（古代盛

清嘉庆《同里志》载朱鹤龄

酒的器具）长桥垂虹亭，联袂踏歌，无异白日。"这灯市踏歌吸引了朱鹤龄前去观看。

朱鹤龄去后，兴致益然，思绪万千，写下了《中秋龙舟曲三首》，诗前有记："中秋灯市，仅见吾邑，父老相传云始自万历中。年近又有龙舟之戏，每舟燃灯数十，鼓乐幡麾毕具，会于垂虹桥下，往来舞棹，旋折如飞，士女游观，远近云集，尤他邑所未有也。次雪、樵水先成诗，余踵而有作，以纪一时岁华之丽。"记中的"次雪"，指沈虬，字次雪，号茧庭，明末清初吴江北麻人，岁贡生，初知钱塘县，后调嘉善。工诗善书，有《双庭诗稿》；"樵水"，指顾樵，字樵水，号若耶居士，明末清初吴江人，有诗、书、画三绝之誉，与顾有孝、徐崧并称高人。有《吴郡名胜志》《十七代诗选》等。

这三首诗，其一为：

> 火树银缸映月铺，琉璃片片闪重湖。
>
> 光明直欲连鲛室，惊吐骊龙颔下珠。

清乾隆《吴江县志》载中秋长桥习俗

诗中"银缸"，指银白色的灯盏；"鲛室"，谓神话传说中鱼尾人身的鲛人所居之室；"骊龙"，为传说中的一种黑龙。综观此诗浪漫色彩颇浓，将垂虹桥朗月当空、火树银花、灯月辉映、湖光叠影的中秋之夜美景形象地描述了出来。

其二为：

> 虹亭云比幔亭多，
>
> 凌乱珠辉涌素波。
>
> 应共塔灯流照远，
>
> 明朝渔网笑空过。

诗中"虹亭"，指垂虹桥和垂虹亭；"幔亭"，指用帐幕围成的亭子；"塔"，指垂虹桥东南堍的华严寺塔；"明朝渔网笑空过"，俗语说"塔上燃灯，明日网捕皆无数"。此诗以比拟、形容等手法，通过桥、亭、月光、湖波、宝塔、灯盏等景物，描绘了垂虹桥的秋色夜景图。

其三为：

> 喧阗鼓吹绕长虹，水马千盘皓魄中。
>
> 霜女素娥皆寂寞，夜深应会水晶宫。

诗中"喧阗"，喧闹之意；"水马"，神话传说中一种生在水中的怪兽，诗中似指龙舟；"皓魄"，指月光；"霜女"，即青女，传说中的霜雪之神；"素娥"，指嫦娥。此诗描写了热闹非凡的垂虹中秋灯市龙舟会，连素以寂寞为常的青女和嫦娥也会忍不住寂寞，而前来会会垂虹桥下的"水晶宫"，浪漫色彩溢于诗外。

朱鹤龄写垂虹桥的尚有七律《垂虹亭过徐太史公肃舟中》：

> 鲁望祠前系桂舟，逢迎半是素心俦。
>
> 白鸥对舞槐江暮，红叶初飞荻岸秋。
>
> 卷幔汀洲延远眺，移桡烟雨入冥搜。
>
> 金华羡尔骞腾早，应念泥涂雪满头。

诗题中的"徐太史公"，指清初大臣、学者、藏书家徐乾学，字原一、幼慧，号健庵、玉峰先生，江苏昆山人，明末清初大儒顾炎武的外甥，曾主持编修《明史》《大清一统志》《读礼通考》等书籍，与弟元文、秉义皆官贵文名，人称"昆山三徐"，朱鹤龄与三徐都有交往。诗中"鲁望祠"，指垂虹桥畔的三高祠，祀范蠡、张翰与陆龟蒙（字鲁望）；"桂舟"，舟船的美称；"槐江"，见于《山海经》的山名；"金华"，指汉代长安城中的长乐宫和未央宫，皆有金华殿；"骞腾"，犹飞腾。阅读此诗，感到朱鹤龄的律诗功夫也甚了得，颔联与颈联，对仗工整，将垂虹桥周边的景色描述得惟妙惟肖，令人向往。

# 吴伟业垂虹把酒叹浮名

吴伟业像

吴伟业（1609—1672），明末清初著名诗人，字骏公，号梅村，别署鹿樵生、灌隐主人、大云道人，江苏太仓人。明崇祯四年（1631）进士，曾任翰林院编修、左庶子等职。清顺治十年（1653），被迫应诏北上，次年被授予秘书院侍讲，后升国子监祭酒。顺治十三年底，以奉嗣母之丧为由乞假南归，此后不复出仕。与钱谦益、龚鼎孳并称"江左三大家"，又为"娄东诗派"的开创者。长于七言歌行，初学"长庆体"，后自成新吟，后人称之为"梅村体"。其七言歌行《圆圆曲》被称为"《长恨歌》第二"，此诗通过明末清初名妓陈圆圆与吴三桂的聚散离合，反映了明末清初一系列重大的历史事件，委婉曲折地谴责了吴三桂的叛变行为。全诗巧妙地将吴三桂、陈圆圆同吴王夫差、西施联系起来，同时又运用不少史书典故入诗，从而使诗篇笼罩了一种深沉的历史感。诗中句"恸哭六军俱缟素，冲冠一怒为红颜"为人熟知。

吴伟业与吴江有着颇深的因缘。据清乾隆《震泽县志》、道光《平望志》记载，吴江平望人王维翰系清康熙二十二年（1683）贡生，先后任舒城、望江教谕，其女王梦兰，字素芬，工诗，善书，著有《绣余集》，另有《三十六鸳鸯吟舫存稿》二卷，现南京图书馆存其清光绪二十一年（1895）刻本。王梦兰的《莺湖竹枝词》："风吹莺水送郎船，郎去盈盈水一川。恼煞晓钟殊胜寺，搅侬鸳梦未能圆。"在平望广为流传。而这位吴江女诗人便嫁与吴伟业之孙诸生吴德怡。

另浏览吴江方志，可知吴江的不少文人名士都与吴伟业有着关联。如吴伟业是明末复社社员，且撰有《复社纪事》，而复社最初创始人便是吴江县令熊开元和吴江人吴翻、孙淳、吴允夏、沈应瑞等人。又如吴江名士吴兆骞全家被流放黑龙江宁古塔，清顺治十六年（1659）闰三月，自京师出塞，吴伟业写有《悲歌赠吴季子》一诗。又如康熙八年（1669）春，吴伟业招吴江同里人诸生戴笠至太仓，宿于一座野寺，叙谈之中，戴笠知太仓人明末清初著名理学家、文学家陆世仪先生之名，遂嘱友人执持名帖致之，"拜称弟子行谊"。

浏览吴江方志，吴伟业写垂虹桥的诗虽只见有一首，为刊于清康熙《吴江县志

清道光《平望志卷十·列女》载王梦兰　　清康熙《吴江县志续编》载吴伟业《过吴江有感》诗

续编》卷十中的五律《过吴江有感》，但此诗影响较大。全诗为：

> 落日松陵道，长堤欲抱城。塔盘湖势动，桥引月痕生。
> 市静人逃赋，江宽客避兵。廿年交旧散，把酒叹浮名。

　　这首诗约作于康熙七年（1668）春，吴伟业应友人吴琦之邀请，从家乡太仓前往浙江，途经吴江。首联中的"松陵"，即是吴江县治所在；"堤"，指吴江至浙江嘉兴的京杭大运河塘路，界于太湖与吴淞江之间，蜿蜒八十余里。走在黄昏时分的松陵道上，远远望去，这长堤好像要抱住整座县城一样。颔联中的"塔"，指垂虹桥东南堍华严禅寺里的华严塔，仿佛湖势在围绕着它在移动；"桥"即指被称为"三吴绝景"的垂虹桥，其桥身悠长，似乎有一种淡淡的月痕由它牵引而生。

　　颈联描述了吴江在赋税重压、战乱摧残之下的萧条景象；市集沉寂，是由于百姓忍受不了重敛苛征，被迫逃亡；江面空阔，是由于行客为了躲避兵火战事，隐身遁迹。尾联中的"廿年"非确定数，应包括清兵南下至写此诗这二十余年，"交旧"即旧友，这包括上面所提到的吴兆骞此时正流放在宁古塔，吴炎、潘柽章已于前几年因浙江南浔庄廷鑨"明史案"受牵连而同被清廷凌迟于杭州弼教坊；最后一句"把酒叹浮名"，则是吴伟业本人的身世之感。他在二十三岁时即中明朝进士，前程似锦，而明亡以后，由于"浮名"太盛，被迫出仕清廷，近天命之年时才得以回乡家居，令人深为叹息，只能把酒叹浮名。

# 徐崧"近水楼台"咏垂虹

　　徐崧（1617—1690），字嵩之，一作松之，号臞庵，一作臞庵居士，江苏吴江人，好远游，爱广交，有诗名。曾缀集吴地古迹，与友长洲（今江苏苏州）人张大纯合撰《百城烟水》，明末清初著名诗人、戏曲家尤侗为之序。另有《臞庵集》。

　　徐崧入清后不事科举，游走于吴越淮扬一带，归隐居住在吴江垂虹桥畔钓雪滩，紧贴吴淞江，故取斋名为江上馆斋。真所谓是"近水楼台先得月"，他与张大纯合撰的《百城烟水》记述了当时苏州府及其所属的吴县、长洲、吴江、常熟、昆山、嘉定、太仓、崇明等各州县的山川形胜、寺观名刹、园林宅第、名胜古迹，并在各条目下辑录了自唐宋以来，特别是明末清初诗家的登临怀古之作，书中还间接记述了明末清初的政治遗闻、社会人事、风土人情等，由于徐崧是吴江人，因此，记述吴江的篇幅为最多。又由于徐崧居住在垂虹桥畔，他吟咏垂虹桥、垂虹亭及周边景物的诗有好几首刊载在此书中。

　　先来看《戊午腊月，蔺次郡侯约垂虹看雪不果，因留饮寓楼有作》：

> 雪晴高兴在沧洲，访戴寻梅好共游。
> 千尺浮图银汉耸，一条白练玉虹流。
> 塍边宿草埋樵径，树下炊烟起钓舟。
> 只为谢公难曳屐，且倾尊酒醉凭楼。

　　此诗用了对仗、比喻等手法，描述了一幅垂虹桥冬景图。诗题中的"戊午"，为

清乾隆《吴江县志》载徐崧

康熙十七年（1678）；"蕳"，古同园；"次"，出外远行时停留的处所；"郡侯"，一郡之长，知府。首联中"高兴"，为高雅的兴致之意；"沧洲"，为滨水的地方，古时常用以称隐士的居处，诗中指宋代大冶令王份归老退隐之处臞庵，而徐崧本人因仰慕王份，取号臞庵居士，更将所居的江上馆斋建在臞庵遗址之上；"访戴"，东晋名士王徽之雪夜起兴，驾舟访戴逵，天亮到了戴家门口，又因兴尽而返回，后遂用"访戴"来写朋友思念、见访，或写洒脱任诞，随兴会所至，趁一时高兴，亦用以描写与子猷访戴相类的情趣及雪夜景色。

颔联中"千尺浮图"，指垂虹桥东南堍的华严塔；"一条白练"，指吴淞江；"玉虹"，指垂虹桥。颈联中"樵径"，为打柴人走的小道。尾联中谢公屐，为一种前后齿可装卸的木屐，原为南朝诗人谢灵运游山时所穿，故称；"尊"，同樽。

再来看《江上馆斋作》：

> 垂虹吾邑胜，一望动清娱。水绕围罗縠，门开对画图。
> 夕阳渔艇泊，明月酒家沽。此地风尘外，精蓝得辟无？

诗题中的"江上馆斋"，即徐崧所居之所，曾有多位诗友前来造访，并吟诗作赋，有本邑朱鹤龄的《过徐松之江上馆斋》、昆山徐元文的《丁未秋舟泊家松之江上馆斋时将闽游有诗见送赋答》、本邑沈次雪的《明府过访江上》等。诗中"清娱"，指清雅欢娱；"水"，指吴淞江，"罗縠"为一种疏细的丝织品，此句意为吴淞江如同绸带一般缠绕着江上馆斋；"精蓝"，精指精舍，蓝指阿兰若，佛寺之意。此诗虽题为"江上馆斋"，但用了简练、明快的笔法，描绘了一幅垂虹桥及周边景物的暮色图，抒发了诗人闲适疏朗、吟赏自然的旷远豁达情怀。

# 毛奇龄垂虹桥投顾有孝居

毛奇龄（1623—1716），清初经学家、文学家，字大可，号秋晴，浙江绍兴府萧山县（今杭州萧山区）人。明末诸生，清康熙十八年（1679）荐举博学鸿词科，授翰林院检讨，充明史馆纂修官。以郡望西河，学者称"西河先生"。精音律，工诗词，著述甚富，编有《西河合集》四百余卷。

翻阅吴江方志和地方文献，见毛奇龄与吴江的交集不少。清光绪《黎里续志》载有毛奇龄与曾主持黎里第一大寺罗汉讲寺的本圜和尚友善之事，清乾隆《盛湖志》载有毛奇龄为当地名士王奂（字晦夫）《倚树堂诗

毛奇龄

集》所作之序。毛奇龄还为垂虹桥写有二诗。先来看《投寓长桥兰若听竺兰上人弹琴》这一首古风：

我行太湖傍，不见太湖水。

长桥蜿蜿如断虹，横卧青茅白茅里。

天风骚骚吹客衣，我行不住增心悲。

湖边兰若种莲叶，中有竺师作莲说。

香气吹开一片云，凉阴堆作十年雪。

飘鹢携我入深处，湖口相逢宛如素。

笑彼渔郎花底来，怜予穷士芦中去。

秋庭日落当夜阴，竺师为我弹鸣琴，

青天澹澹湖水深。

秋跄初作元鹤舞，噌吰再起苍龙吟。

我闻黄华子，秋风生古道。

客子时一听，日夕伤怀抱。

又闻走马引，踯躅荒山曲。

草根缠其魂，蒺藜伤其足。

岂如竺师之琴悠以闲，上有千仞之高山，

下有万里之波澜。

客子听之心连连，竺师为我记其然。

须知我意千里远，只在君弹一指间。

　　诗题中的"长桥兰若"，指位于垂虹桥东南堍的华严寺，全称为宁境华严讲寺，由南朝梁卫尉卿陆瓒舍庄基建造，此时名华严院，南宋绍兴五年（1135），与相邻的宁境院合并，赐额"宁境华严讲寺"，俗称华严寺。"竺兰上人"，指华严寺内高僧行荃，"竺兰"系其字，曾与指月（照影）、云岸、一晓等人一起去拜访居住在垂虹桥畔钓雪滩的明末诸生顾茂伦，遗有诗："云水才栖息，南林复送行。只因尔我意，互作主宾情。远树迎风冷，虚舟载月明。已知寻梦趣，渡口暮烟横。"

　　诗中的"元鹤"，为古人对鹤之称，元通玄，即黑色，古人以为鹤是寿命很长的动物，年轻的时候羽毛是白色的，大约活到一千岁时，羽毛就变成"苍"色的了，活到两千岁时，羽毛就变成黑色了；"噌吰"一词，形容华严寺钟声洪亮；"黄华子"，指西晋文学家张翰，其《杂诗三首·其一》中有句云："暮春和气应，白日照园林。青条若总翠，黄华如散金。"这"黄华"，非指菊花，而是指油菜花。据说，唐朝科举考试除考文章外，还考诗画。有一年规定考画，题目是《黄花满地开》。绝大多数考生画了菊花，考官说错了，只有一个考生正确，画了油菜花。原来，题目中的"黄华"系据张翰诗句之意而来。

继来看七律《垂虹桥投顾有孝居》：

> 晓风吹雨到吴江，百丈垂虹似饮骢。
> 新水荚花横夜艇，故人椐树倚秋窗。
> 庞山初日摇珠塔，震泽迥波洒玉缸。
> 田舍相逢皆衣褐，肯教季布徙他邦。

诗题中的"顾有孝"（1619—1689），即上面提到的顾茂伦，字茂伦，明末诸生，是当时吴江名士，明亡后，他焚弃儒衣冠。康熙十七年（1678），举博学鸿儒，不就，以选诗为事，其所居在垂虹桥北侧的钓雪滩，故他号为雪滩钓叟。

诗中的"庞山"，位于垂虹桥东，隔运河相望，元代时为一大土墩，吴江县内水乡泽国，此片土丘鹤立鸡群，遂以山名。山位于庞山湖南，占地超千亩，因山旁的庞姓家族繁衍，多有显贵，遂以庞姓名山。山上有古银杏树、昭灵侯庙、观音庙、土地庙等；"珠塔"，指垂虹桥东南塥的华严寺塔；"震泽"，指垂虹桥西侧的太湖；"衣褐"，喻指人外表朴素而内藏真才；"季布"，楚地人，曾效力于西楚霸王项羽，项羽败亡后，被汉高祖刘邦悬赏缉拿，后在夏侯婴说情下，刘邦饶赦了他，并拜他为郎中。汉惠帝时，任河东郡守。季布为人仗义，以信守诺言、讲信用而著称，楚人中流传着"得黄金百斤，不如得季布一诺"的谚语。

该诗首联对垂虹桥作了形象的描绘，说百丈长的垂虹桥犹似一匹青色之马在饮吴淞江水；颔联和颈联对垂虹桥周边的景物作了形象而又颇有动感的描述；尾联盛赞顾有孝所居的垂虹桥畔民风淳朴，这里用不着一诺千金的季布，可让他迁徙他邦。

# 汪琬落日独登垂虹亭

汪琬像

汪琬（1624—1691），字苕文，号钝翁，时称尧峰先生，长洲（今江苏苏州）人。清初官吏、学者、散文家，与侯方域、魏禧合称明末清初散文"三大家"。顺治十二年（1655）进士，官主事。康熙十八年（1679），举博学鸿词科，授翰林院编修。有《钝翁类稿》《尧峰诗文钞》等。

汪琬与吴江的交集颇多。他与吴江名士吴兆骞、计东友善，同为慎交社人。据清乾隆《震泽县志》载，吴兆骞"及长，与所知出北郭门，顾同郡汪琬述袁淑语曰：'江东无我，卿当独步。'"至于与计东（计东字甫草）更是交往频繁，写有《计氏思子亭记》《与计甫草论道书》等文，写有《过盛湖访甫草先生于学山堂二首》《计甫草至寓斋二首》《甫草自言读书灌园之乐因次韵寄三首》等诗。清乾隆《震泽县志》上还记载着吴江女诗人与他和诗的轶事："沈友琴，字参苻，（沈）永启（金圣叹弟子）长女，适周钰，与妹御月，俱工诗词，以和长洲汪琬《姑苏杨柳词》得名，时称连璧。"

汪琬写垂虹桥及垂虹桥周边景物的诗有多首。先来看《垂虹亭》：

落日独登临，茫茫远眺心。
鲈乡亭下水，不及客愁深。
暝色连枫树，寒声起雁群。
故园回首望，遥隔太湖云。

首联说诗人在落日之中独自登上了垂虹亭，眺望四周的景色，思绪起伏。颔联中的"鲈乡亭"，旧在垂虹桥西堍。宋熙宁三年（1070），吴江知县林肇览松江、太湖胜境后，缅怀古人而建，亭名取龙图阁直学士、参知政事陈尧佐《吴江》诗中句"秋风斜日鲈鱼乡"之意。汪琬所见的鲈乡亭，已不在垂虹桥西堍，而在垂虹桥桥心之亭垂虹亭的南侧，明成化八年（1472），知县王迪在垂虹亭南叠石拥土，重建鲈乡亭，当时这里"前后空旷，襟江带湖，云山烟树，风帆沙鸟，在指顾间"。

关于鲈乡亭，汪琬还写有两首诗，《莼香阁（即鲈乡亭旧址）》这一首是特地而写：

闲亭空阔俯晴沙，岸帻时来看落霞。
远树斋钟双佛寺，遥天牧笛几村家。
初来橘柚山船重，晚到鱼虾水市哗。
休怪秋风思去洛，江边风味果堪夸。

颔联中的"双佛寺"，指垂虹桥东南堍的华严寺，全称为宁境华严讲寺，由宁境院和华严院合并而成；尾联写了张翰在

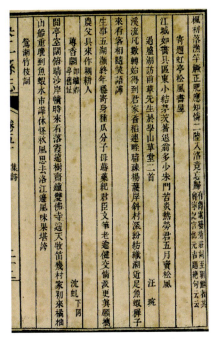

清乾隆《吴江县志》载汪琬诗

清光绪《盛湖志补》载汪琬《松陵江歌送计甫草》

洛阳因秋风起思念莼鲈而归乡的史事。

另一首写到了鲈乡亭，为《松陵江歌送计甫草》：

> 君不见松陵江层波浩淼东入海，
> 荒烟蔓草迷古道，唯有江流长不改。
> 西风吹彻水漫漫，为忆高人旧往还。
> 鲈乡亭畔莼丝尽，斗鸭栏前杞菊残。
> 行人频行江上路，江边风物仍如故。
> 去雁犹侵笠泽云，斜阳自落包山树。
> 故人方尽别离筋，一任扁舟入市乡。
> 扬帆举棹忽不见，回首江流空复长。

诗题中的"松陵江"，即吴淞江；"计甫草"，即汪琬的吴江友人计东。诗中与"鲈乡亭"对应的是"斗鸭栏"，写以前三高祠里所祭祀的第三人唐代高士陆龟蒙。

回到《垂虹亭》这诗上来。尾联"故园回首望，遥隔太湖云"，"故园"指诗人所居之地——尧峰山，此山位于苏州西南郊，地跨现吴中区横泾、越溪两街道，是七子山西南支脉，主峰高二百二十四米，其名的由来，明《吴邑志》云："尧峰山，在西麓，尧时人民避水登此故名。"汪琬居此山，故称尧峰先生，其诗文集也称《尧峰诗文钞》。尧峰山与吴江的直线距离不太远，但有太湖隔着，故诗中云"遥隔太湖云"。当然，诗人的尾联是带有文学色彩的，与前三联一起渲染着颇带伤感的情绪。

# 陈维崧泊舟垂虹桥

陈维崧（1625—1682），字其年，号迦陵，宜兴（今属江苏）人。明末清初词人、骈文作家，阳羡词派领袖。幼时便有文名。十七岁应童子试，拔为第一，与吴江吴兆骞、华亭彭师度同被吴伟业誉为"江左三凤"。明亡后，科举不第。其弟陈宗石入赘于商丘侯方域家，陈维崧亦寓居商丘。清顺治十五年（1658）十一月，陈维崧访冒襄，在水绘庵中的深翠山房读书，冒襄派徐紫云（云郎）伴读。康熙十八年（1679），举博学鸿词科，授官翰林院检讨，编纂《明史》。有《陈迦陵文集》《迦陵词集》。

陈维崧像

陈维崧与吴江吴氏是姻亲，其妹嫁与吴江松陵人、正德南京刑部尚书吴洪之玄孙吴全昌（字鸠怀，撰有《香草斋诗钞》），因此，多次来吴江，写的诗文不少，涉及垂虹桥的有好几首（篇）。如有这么一首词《虞美人·泊舟垂虹桥，不及过晤舍妹，同纬云弟怅然赋此》：

清康熙《吴江县志续编》载陈维崧《续朣庵集序》

碧鲈红稻江村市，森森重经此。夜深水起邻船，记得不曾听已十多年。

北风渐酿篷窗雪，心事和谁说。匆匆忘发大雷书，望里汀花沙鸟暗南湖。

词题中的"舍妹"，即是指吴全昌之妻；"纬云弟"，即陈维崧之弟陈维岳，颇有文名，徐乾学、朱彝尊皆推重之，著有《秋水阁古文》一卷，《潘鬓诗》二卷，《红盐词》二卷，均传于世。词题说，来吴江泊舟垂虹桥，来不及过去会晤其妹，同弟纬云怅然填了这么一首词。词中的"大雷书"，有着一个典故，南朝宋著名文学家鲍照曾有一篇骈体书信《登大雷岸与妹书》，其妹鲍其晖有文才，能诗。鲍照在大雷（在今安徽省望江县），曾致书其妹，其中描写了鲍照于旅次途中所见的自然景色及其感受。后因用作致书家人之典。

陈维崧在词的上阕中撷取了吴江的一些代表性风物和垂虹桥周边的一些景观，诸如碧鲈、红稻、村市、江水、舟船等，描绘了一幅江南水乡的风景图画，至于"夜深水起邻船"，已十多年未听到过了，对于词作者此番来吴江可算是不虚此行了。但因没有来得及去看望妹妹，不免生起一丝怅然，这从词的下阕中犹可感知许多。

说来真是不巧，陈维崧另一次来吴江，同样未见到其妹，他也填了一首词，是为：《小重山·泊舟松陵城外未及一晤舍妹赋此写怀》：

帆如阵马骤晴空，一条银练吼，走虬龙。回头烟树失吴宫，灵岩寺，塔影尚茏苁。

　　　　榭叶满湖红，樯灯和估笛，点空濛。夕阳船已过垂虹，无由泊，心事一
杯中。

　　词中明写了垂虹桥，暗喻之中，"银练"似指吴淞江，"虬龙"似指垂虹桥，
同样，"心事一杯中"，透露着些许未及晤妹的伤感之情。
　　陈维崧在吴江见到其妹后写的诗也有，《春日吴闿杂诗》中有这么一首：

　　　　剧怜小妹他乡惯，乱后年年信息疏。
　　　　好把嫁时衣上泪，数行弹湿大雷书。

　　诗后注有："别舍妹暨妹丈吴鸠怀。"此番不是"匆匆忘发大雷书"了，而是"数
行弹湿大雷书"了。

# 潘柽章与垂虹桥

清乾隆《吴江县志》载潘柽章诗

潘柽章（1626—1663），吴江平望人，字圣木，号力田，其父潘凯工诗文，潜心于经世之学，为诸生，连试第一，不出仕而终，著有《平望志》等。潘柽章生有特异禀赋，读书过目不忘，十五岁时补桐乡县学生。清顺治二年（1645）后，隐居韭溪（今平望溪港），肆力于学，纵贯百家，意欲效仿司马迁，作《明史记》。友人吴炎所见与他略同，遂同撰《明史记》。昆山顾炎武、江阴李逊之、长洲陈济生等皆相佐。其书成十之六七时，受浙江南浔庄廷鑨明史案牵连，潘吴二人被捕，遇害于杭州。潘柽章所著除《明史记》外，尚有《今乐府》《国史考异》《松陵文献》等。

潘柽章为吴江人，对于邑中的第一名胜垂虹桥自然关注。他写有《吴江竹枝词》：

吴江胜事谁能数，长桥宛转晴虹吐。

可怜画舫酒如渑，不浇三忠祠前土。

诗中的"长桥",即垂虹桥;"渑",水流充满河道貌;"三忠祠",在垂虹亭南,祀春秋吴国伍员、唐代张巡和宋代岳飞。明洪武元年(1368),知州孔克中来任吴江知州,他认为人们如都像三高祠里所祀的范蠡、张翰和陆龟蒙那样,归田隐居,浪迹江湖,谁来为国效力?于是,立三忠祠,祭祀伍员、张巡、岳飞这样不惜杀身成仁、为国尽忠的志士,与三高祠相匹配,遂建三忠祠。诗人来到垂虹桥,见到的是"长桥宛转晴虹吐",同时见到的是花船麇集,游人花天酒地,眼望着这一景象,想到的是三忠祠里的三位忠良似乎被人遗忘了,没有人去祭祀了。

潘柽章有一弟名潘耒(1646—1708),字次耕,号稼堂,资禀颖异,清康熙十八年(1679),以博学鸿儒征试,任翰林院检讨,纂修明史。康熙帝平定三藩后,潘耒献上《平蜀》《平滇》

潘柽章弟潘耒像

二赋,获帝称赏,遂充任日讲起居注官,纂修《世祖实录》《圣训》。后归故里,遍游名山大川,记以诗文。康熙帝数次下江南,路过吴江平望,均赠诗于潘耒。潘耒所著诗文共三十卷,名《遂初堂集》。潘耒虽未写有垂虹桥的诗文,但对于修复垂虹桥东南堍的华严寺塔倒是做了一桩好事。

华严寺塔自宋元祐四年(1089)始建后,历代多次重修重建。清康熙五年(1666)雷击华严寺塔一角。康熙二十一年,华严寺塔又遭雷击,下四级之檐角、回廊被焚无存。康熙二十六年夏,又遭飓风,华严塔顶倾圮。康熙四十四年,潘耒募修。乾隆九年(1744),潘耒之子、贡生潘其炳重又募修华严寺塔。时吴江知县丁元正以"父子踵事",又并有"鹤鸣之瑞",题曰"鸣鹤塔",作序而铭之。

# 叶燮民生为本写长桥

清乾隆《吴江县志》载叶燮诗

　　叶燮（1627—1703），字星期，一字已畦，号独岩，晚号横山，吴江北厍叶家埭人，清初诗论家。叶绍袁、沈宜修第六子。康熙九年（1670）进士，曾任江苏宝应知县。后因耿直不附上官意，被借故落职。由此绝意仕途，纵游海内名胜，诵经撰述，设馆授徒，晚居吴县横山，人称"横山先生"。著有诗论专著《原诗》，被认为是继《文心雕龙》之后，我国文艺理论史上最具逻辑性和系统性的一部理论专著。另有《江南星野辨》、《已畦集》（诗文集）等。

　　叶燮写垂虹桥的诗不多，清乾隆《吴江县志》载其《庚戌六月吴江一夕水发，淹没民居，效竹枝体》（五首之二），写到了垂虹桥：

太湖风卷水漫天，城里居民屋上眠。
市上米珠无买处，朝来湿米斗三钱。

人家养子惜如金，何事长桥抛掷频。

一陌青钱沽一婢，夜来愁听唤娘声。

历代文人雅士写垂虹桥的诗词，大多以写景物为主，借以抒发情感，叶燮的诗与众不同，从自然灾害给百姓带来的苦难入笔，体现了他以民生为本的写作思想。

清康熙庚戌年，为康熙九年（1670），正是叶燮中进士那一年，查清乾隆《吴江县志》，这一年的夏天吴江发生了大水灾，"五月连雨，六月三日微雪，十二日子时西北风大作，湖水高涌至丈许，城中街道水深三四尺，行船自旱城门入。漂坏坟墓厝棺以万计，蔽湖塞川，其戚属皆不能辨，有互相错误者。水半日始渐平"。

叶燮所写之诗，为仿竹枝体，故直白、通俗，写到百姓遭遇大灾后，为求得生存，不惜将所生儿子从垂虹桥上抛掷下去，这当然有点夸张，但深切地道出了其遇灾生存的不易。

# 朱彝尊垂虹晓发

朱彝尊像

朱彝尊（1629—1709），字锡鬯，号竹垞，又号醧舫，晚号小长芦钓鱼师，别号金风亭长，浙江秀水（今浙江嘉兴市）人。清朝词人、学者、藏书家，明代大学士朱国祚曾孙。康熙十八年（1679）举博学鸿词科，除翰林院检讨。康熙二十二年，入直南书房。博通经史，参加纂修《明史》。康熙四十八年，卒，年八十一。作词风格清丽，为"浙西词派"的创始人，与陈维崧并称"朱陈"，与王士祯称南北两大诗宗（"南朱北王"）。著有《曝书亭集》八十卷、《日下旧闻》四十二卷、《经义考》三百卷；编选《明诗综》一百卷、《词综》三十六卷（汪森增补）。

据乾隆《盛湖志》记载，朱彝尊祖居在吴江盛泽三家村，自其祖朱煜于明景泰年间（1450—1456）迁往浙江后，其族人仍居住在此村。同时，朱彝尊与吴江周氏是姻亲，他的长女朱颖嫁于吴江周能察，周能察，字以绍，号谨斋，吴江盛泽谢天港人，著有《世经堂遗稿》，年二十九去世，朱颖守节四十六年，雍正元年有题旌。由于这些原因，加上朱彝尊居住在嘉兴，与吴江近在咫尺，因此，浏览吴江方志，记载朱彝尊处颇多，不下四五十处，有为寺观、园林作记题额的，有为吴江文人出书作序的，有为吴江故世名贤撰写墓志铭的。如清康熙间吴江人、翰林院检讨徐釚的松风书屋内有丰草亭，就由朱彝尊书额，并为该亭题写了七绝三首。又如平望人赠翰林院检讨潘凯及其子潘柽章逝后均由朱彝尊撰写墓志铭。还有吴江的学子就学于朱彝尊，如进士雍正时翰林院庶吉士李重华，少从长洲张大受游，复学于朱彝尊。

朱彝尊为吴江写的诗词颇多，其中写垂虹桥及周边景观的诗词有好几首。如《洞仙歌·吴江晓发》，为：

> 澄湖淡月，响渔榔无数。一霎通波拨柔橹。过垂虹亭畔，语鸭桥边，离根绽，点点牵牛花吐。
>
> 红楼思此际，谢女檀郎，几处残灯在窗户。随分且敧眠，枕上吴歌，声未了，梦轻重作。也尽胜鞭丝乱山中，听风铎郎当，马头冲雾。

据载，朱彝尊在顺治、康熙年间多次游苏州，曾与吴江人徐釚同游。一次，

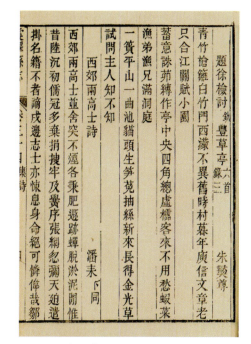

清乾隆《盛湖志》载朱彝尊祖居三家村　　　　　清乾隆《震泽县志》载朱彝尊诗

他从嘉兴至苏州，留宿吴江。翌日，从吴江晓发过垂虹亭畔、语鸭桥边。词中的"渔榔"，指渔人捕鱼时用以敲船舷惊鱼入网的长木；"通波"，这里指垂虹桥下的吴淞江，班固《两都赋》中有"与海通波"句，吴淞江东流入海，故称之；"谢女"指晋代谢道蕴，"檀郎"指晋代潘岳（小名檀奴），谢女檀郎泛指美貌的男女；"随分"，随便、就便之意；"风铎"，即风铃，词中指驿马所系之铃。

此词上阕写晨光熹微、尚有淡月挂在天空的舟行情景，通过吴淞江、渔舟的橹声和鸣榔声、垂虹亭、语鸭桥、牵牛花等所见所闻之物象的描绘，呈现了一幅垂虹桥畔的清晨图景。下阕写词人想那红楼上，谢女檀郎们彻夜欢语，此时尚有几处残灯犹存。而自己颇能随遇而安，侧卧船中，时而听到吴歌声声，歌声未息，又昏昏重入梦境。词的最后说舟行胜于山行，在词人旷达的背后，似有着一缕淡淡的愁思。从这首词中可看出朱彝尊对吴江、对吴歌、对垂虹桥都很是熟悉，感到十分亲切，因此写来得心应手。

朱彝尊写垂虹桥周边景物的诗词也是佳句连连。如《题画送徐检讨还吴江二首》中有句云："三高祠下水溟蒙，红蓼花香一笛风。"写到了垂虹桥畔的三高祠；《迈陂塘·题顾茂伦〈雪滩濯足图〉》中有句云："三高绝倒，笑浅菊莎边，闲鸥肌畔，千载有同调。"诗题中的"雪滩"即是垂虹桥东北侧的钓雪滩，而"顾茂伦"即是居住在这里的明末诸生顾有孝，词中则又提到了三高祠。

# 吴兆骞词中思念垂虹亭

吴兆骞（1631—1684），字汉槎，号季子，清初诗人，吴江松陵（今属江苏苏州）人，七世祖为全孝翁吴璋，六世祖吴洪与五世祖吴山是明代闻名的两代刑部尚书，叔祖吴易为明末抗清将领，其父吴晋锡为崇祯十三年（1640）进士。吴兆骞少有才名，与华亭（今上海松江）彭师度、宜兴陈维崧有"江左三凤凰"之号。顺治十四年（1657）科场案，吴兆骞无辜遭累，遣戍宁古塔（位于黑龙江省牡丹江市海林市长汀镇古城村）长达二十三年。经友人内阁中书顾贞观恳求于清初著名词人纳兰性德，后经纳兰性德之父康熙朝重臣明珠营救，得以赎还。归后三年而卒。吴

吴兆骞像

兆骞在宁古塔期间，开馆授徒，传播知识，培养人才，并创作了百余首边塞诗、抗俄爱国诗及以宁古塔名胜古迹为题材的吟咏诗。其诗作慷慨悲凉，独奏边音，因有"边塞诗人"之誉，著有《秋笳集》。

科场案发生的第二年，即清顺治十五年（1658），吴兆骞被遣戍宁古塔。四年以后，妻子葛氏由家乡吴江出关来伴，在戍期间生了一子四女。此前，吴兆骞接家信后，得知其妻欲来戍所，便在痛苦思念中写下了《念奴娇·家信至有感》一词，是为：

牧羝沙碛。待风鬟，唤作雨工行雨。不是垂虹亭子上，休盼绿杨烟缕。白苇烧残，黄榆吹落，也算相思树。空题裂帛，迢迢南北无路。

消受水驿山程，灯昏被冷，梦里偏叨絮。儿女心肠英雄泪，抵死偏萦离绪。锦字闺中，琼枝海上，辛苦随穷戍。柴车冰雪，七香金犊何处？

葛氏是在康熙二年（1663）二月初五，风尘仆仆地行了三个多月到达宁古塔，吴兆骞这首词约写在康熙元年（1662）左右。词的上片以塞北大漠的荒凉与家乡吴江的美景对比，词人回想起垂虹亭畔的春天，"绿杨烟缕"，是何等的迷人，但现在却身陷宁古塔，天寒地冻，辛苦难挨。垂虹桥上的垂虹亭是家乡风物的代表，"不是垂虹亭子上"之下六句，用一系列形象的语言将戍所的艰苦以及对远隔千里妻子的怀念之情淋漓尽致地挥洒而出，又流露着浓浓的乡思。下片紧接着上片的苦寒与寂寞，"消受水驿山程，灯昏被冷"，现实的寂寞、艰辛驱使词人到梦中去追寻人生的美好，聊以自慰。儿女相思之苦，英雄失意之泪，千转百结，每时每刻都在折磨着词人的心灵。

吴兆骞在宁古塔流放二十三年后，竟得以生还。这要归功于他的总角之交顾贞观。此人系江苏无锡人，康熙十一年举人，入仕为内阁中书，其词与陈维崧、朱彝尊齐名，因而与当时著名词人纳兰性德结为好友，而纳兰性德之父乃是当时重臣纳兰明珠。康熙二十年（1681），时年五十一岁的吴兆骞终经顾贞观、纳兰性德、徐乾学、徐元文、宋德宜、徐釚（吴江人，翰林院检讨，徐灵胎之祖父）等戮力营救，酿金两千，以认修工程名义赎罪放还。

是年冬天，吴兆骞入关回到北京，徐乾学设宴为他洗尘。在徐乾学的倡

清乾隆《震泽县志》载吴兆骞

议下，不少人写诗庆贺吴兆骞南还。在这些诗中，好几个人将"垂虹"写入其中。如因博学鸿词取中而成为翰林的尤侗，在题为《吴汉槎自塞外归，喜赠二首》中吟道："采莼剩有扁舟在，唱入垂虹百尺潭。"嘉定（今属上海）马陆人明末清初诗人、学者陆元辅在题为《辛酉冬喜汉槎自塞外还燕，次徐健庵先生韵奉赠》中吟道："赖有高朋敦古义，垂虹依旧听潺湲。"云间（今上海松江）诗人张翼在题为《辛酉子月望后，喜汉槎年长兄入关，和东海夫子原韵八首》中吟道："重向垂虹桥下过，几年不听此潺湲。"江苏长洲（今苏州市吴中区）人被称为"江东独秀"的宋实颖则填《临江仙》词给吴兆骞，中有句云"风景月明如画，延陵文酒相从。武丘箫管照垂虹"。

# 宋荦垂虹亭畔峭帆开

宋荦像

对于吴地人来说，"香雪海"这个景点可谓家喻户晓。清康熙三十五年（1696）早春，江苏巡抚大臣宋荦游于苏州西南光福邓尉山，梅花漫野，白皑似雪，暗香浮动，沁人心脾，不禁雅兴勃发，在山崖上题了"香雪海"三个大字，此后"香雪海"便名扬海内。康熙帝六次南巡，曾数度在这里驻跸。乾隆帝曾六下邓尉探梅，使"香雪海"成了神州梅苑中的佼佼者。

香雪海之名的始创者宋荦（1634—1713），是清初高官、诗人、画家，字牧仲，号漫堂、西陂、绵津山人，晚号西陂老人、西陂放鸭翁。归德府（今河南商丘）人。清顺治四年（1647），应诏以大臣子列侍卫，历官山东按察使、江苏布政使、江西巡抚、江苏巡抚、吏部尚书。宋荦为官正直，被康熙帝誉为"清廉为天下巡抚第一"。宋荦笃学博闻，能诗文，工书画，精鉴赏，尤以诗享盛誉于清初文坛。著有《西陂类稿》《漫堂说诗》等。

宋荦曾任江苏巡抚，吴江在其辖境内，且离治所苏州颇近，故他与吴江的交集颇多。清康熙三十六年（1697），吴江发大水，饥民十有八万，上官虑所存之谷少难以赈之，遂派人往谒时任巡抚的宋荦，具陈地广民稠之情，宋荦遂檄提旁县之谷来赈灾。宋荦与吴江的名士交往颇深。盛泽的叶东与他是相处不拘形迹的知心朋友。宋荦在《筠廊偶笔》中道："计甫草（甫草为叶东之字）东游京师，戏谓人曰：'遍京师皆官，无我做处；遍京师皆货，无我买处；遍京师皆粪，无我便处。'闻之，可发一噱，甫草与余为忘形交。"计东逝后，宋荦为其《改亭集》作序。北厍的叶燮于清康熙十四年（1675）任扬州宝应县令，由于性简傲，不能事上官，上官恶之。没隔多久，被弹劾归乡，遂携家人在吴县横山筑小园，园门额曰"独立苍茫处"，又为所居草堂题额为"二弃"，著述其中。宋荦闻叶燮之名，曾轻车减从往访，叶燮推辞不见，宋荦道："独立苍茫处，容一立否？"并作《春日过访叶星期二弃草堂不值》（星期为叶燮之字）一诗："别浦幽幽境愈奇，春风篮舆尔何之。小山丛桂清阴下，想见苍茫独立时。"

宋荦写吴江和写到垂虹桥的诗有几首。先来看《题汪东山修撰秋帆图》这一首：

暂脱朝衫觅楫师，吴江枫落卸帆时。
浣裙调膳融融乐，好补南陔逸去诗。

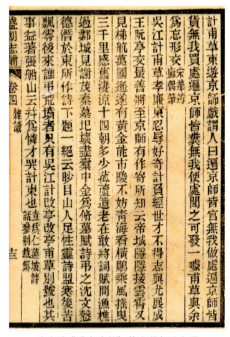

清光绪《盛湖志补》载宋荦叙计东语

清康熙《吴江县志续编》载宋荦诗

　　诗题中的"汪东山"，即汪绎（1671—1706），清代诗人，字玉轮，号东山，江苏常熟人。康熙三十九年（1700）中状元，授翰林院修撰，做官仅三年便退隐告归。为诗蕴藉含蓄，著有《秋影楼诗》。

　　诗中的"楫师"，为船工之意；"调膳"，司厨，指操持家务，喻赋闲家居；"南陔"，为《诗经·小雅·鹿鸣之什》最后一篇的篇名。"吴江枫落卸帆时"之句，从唐代崔信明"枫落吴江冷"句化来，原句有萧瑟苍凉之感，此诗的情调却是明快的，晚秋之时"暂脱朝衫"后乘舟出行，泊船在吴淞江畔，正好趁着赋闲之际，补写上那些"逃逸"之诗。

　　接着来看《莺脰湖》七绝二首（其一）：

> 垂虹亭畔峭帆开，莺脰湖中激箭来。
> 我是沧浪濯缨客，寄声鸥鸟莫相猜。

　　诗题中的"莺脰湖"，在吴江中部的平望镇，以其湖形似黄莺的脰（脖子）而名，据明代《吴兴掌故集》记载，此湖相传为吴越春秋时范蠡所游五湖之一。诗的第一句便写到了垂虹桥桥心之亭垂虹亭，从诗意来看，宋荦他们的船是在垂虹桥下出发，来到了莺脰湖。从诗中的"峭帆""激箭"等语词中可知，船一路上的行驶速度很快。诗中的"沧浪濯缨"，典出《孟子·离娄上》："沧浪之水清兮，可以濯我缨。"这"沧浪之水"，不管是船刚出发时的垂虹桥下吴淞江之水，还是船所到的莺脰湖之水，都是清水，在其中洗涤冠缨，可超脱尘俗，操守高洁，这也是宋荦为官一生的生动写照，与《皇清吏部尚书江苏巡抚宋公荦》像赞之语"心迹双清，沧浪之水"正好相吻合。

# 王士禛两诗咏垂虹

王士禛（1634—1711），清诗人。逝后因避雍正讳，后人改称士正，乾隆时诏命原名，字子真，号阮亭，又号渔洋山人，山东新城（今桓台）人。顺治十五年（1658）进士，官至刑部尚书，谥文简。为康熙朝数十年诗坛盟主，论诗创神韵说，与朱彝尊并称"南朱北王"。有《带经堂集》《渔洋山人精华录》等。

王士禛像

王士禛虽是山东人，但与吴江的文人交往颇多。明末清初吴江人顾樵，字樵水，有诗书画三绝之誉，曾以画寄王士禛，王写有《题顾樵水画宗定九诗意》诗。另王士禛赠词人徐釚的诗有《寄题虹亭松风书屋》（徐釚一字虹亭）、《送徐电发检讨假归吴江兼寄长孺茂伦三首》（徐釚一字电发），赠诗人吴兆骞的有《题吴汉槎〈秋笳集〉》。王士禛在吴江松陵还有门人，为康熙二十七年（1688）进士张尚瑗，他曾赠予张尚瑗《咏晚菊再送宏蘧》（宏蘧为张尚瑗的字）。

对于名为顾有孝者，王士禛似乎更为倾心，写的诗有《题顾茂伦雪滩钓叟图》《再题茂伦雪滩钓叟画册》，另上面所提的《送徐电发检讨假归吴江兼寄长孺茂伦三首》也是兼寄顾有孝的。其中《题顾茂伦雪滩钓叟图》，写到了垂虹桥，此诗为：

垂虹秋色东南好，雨笠烟蓑送此生。

今日三高祠下过，唯君不愧隐人名。

顾有孝（1619—1689），字茂伦，号雪滩钓叟，吴江松陵人。"少负才任侠，喜交游，忧人之忧，急人之急，既尽其产，复濒于难，不悔也"。曾从松江陈子龙游，后陈子龙死于国难，他隐居吴江垂虹桥畔的钓雪滩，与徐白、潘陆、俞南史、周安、顾樵等人交往。"康熙中诏举博士鸿词，公卿争欲引荐之"，顾以病辞。刻有《唐诗英华》《五朝诗英华》《明文英华》等。

诗题中的"雪滩钓叟图"，系清代扬州画家李寅所绘，为康熙间长洲（今苏州）进士张嘉麟向李寅定制后赠送给顾有孝的，王士禛与翁方纲、彭孙遹等当时名人均为之题诗。

诗的首句即写到了垂虹桥，系从北宋米芾句"垂虹秋色满东南"化来；次句"雨笠烟蓑送此生"，脱胎于唐代词人张志和句"青箬笠，绿蓑衣，斜风细雨不须归"，喻指顾有孝隐居江湖的闲适生活。此句与下句相连接照应，垂虹桥畔的三高祠里所祀的范蠡、张翰和陆龟蒙，不是早先为官后隐退，就是一直隐居江湖之间。诗的末句表达了王士禛对顾有孝的景仰之情。

王士禛还有一首诗，也写到了垂虹桥，是为七律《送毛吴江》：

别思徘徊泃水头，君行几日到苏州。
白鸥飞处停官舫，碧嶂晴时见郡楼。
橘柚寒行千里暮，烟波返照五湖秋。
垂虹亭畔莼丝美，一向江东寄远愁。

诗题中的"毛吴江"，系指毛漪秀，

清乾隆《吴江县志》载王士禛诗

字公卫,山东掖县(今莱州)人,顺治十五年(1658)进士,两年后知吴江。在任期间,他革除兑收漕米时的各种弊端,力行官收官兑法,要求折耗银子由各户封好直接投入粮柜中,每户按缴粮总额,每限完成三十分之一,一时称为催科良法。后任平凉府同知、刑部员外郎、户部郎中、贵州乡试副考官、云南学政等职。王士禛与毛漪秀是山东同乡,又是同科进士,赠诗时在两人中举两年之后。

从诗中"沟水头""官舫""烟波""五湖"等词语看来,可知当年毛漪秀是沿着水路乘船而来吴江的。颔联和颈联憧憬着毛漪秀到了吴江的美好情景。尾联写到了吴江的第一名胜垂虹桥桥心的垂虹亭,这里不仅风景美丽,亭下水中的莼丝更美,可"一向江东寄远愁"。

清乾隆《吴江县志》载毛漪秀

# 张大纯与垂虹桥

　　张大纯（1637—1702），长洲（今江苏苏州）人，字文一，号松斋。夙抱雅尚，素负文名，与吴江人徐崧为莫逆之交。徐崧胪列苏州府名胜，编《百城烟水》，未竟去世。张大纯对徐书重加纂辑，补缀完篇，刊印于康熙二十九年（1690）。前有明末清初诗人、戏曲家尤侗作序，书名取自宋代释广闻诗《赠书华严》："南询曾不涉途程，写尽山云海月情。放笔看来亲到处，一场特地又愁生。"之意，体例仿祝穆《方舆胜览》，是一部吴地地方文献专集。记述了当时苏州府及其所属的吴县、长洲、吴江、常熟、昆山、嘉定、太仓、崇明等各州县的山川形胜、寺观名刹、园林宅第、名胜古迹，并在各条目下辑录了自唐宋以来，特别是明末清初诗家的登临怀古之作。书中间接记述了明末清初的政治遗闻、社会人事、风土人情，具有颇高的史地资料价值和文字鉴赏价值。张大纯另著有《严居杂咏》等。

　　在《百城烟水》里，有记"利往桥"的文字：

　　利往桥，一名垂虹桥，俗呼长桥。宋庆历八年，知县李问、尉王庭坚以木为之。治平三年，知县孙觉重修。元泰定二年，判官张显祖易石重建，下开六十二洞。三年，达鲁花赤完者以四石狮镇两圮。至元十二年，元帅宁玉再建，增开八十五洞。明洪武元年，知州孔克中修。永乐二年，知县蒋奎改砌砖面，翼以层栏。正统五年巡抚周忱、成化七年知县王迪并修。十六年，邑人屠母赵氏重建。康熙十一年奉旨开浚。（其南即太湖，已淤田数里。今浚桥下之湖，又淤。）

阅后感觉记得既简要，又详尽。文中的"达鲁花赤"，为元代督官之称，最初由成吉思汗设立，是蒙古语，原意为"掌印者"。

《百城烟水》也有记"垂虹亭"的文字：

> 垂虹亭，宋李问建。元张显祖修。明孔克中改建。弘治初，知县孙显修。嘉靖三十一年，知县钟崇武重修。

其文字较写利往桥，更为简洁。

张大纯与他的搭档徐崧一样，不仅为垂虹桥留下志书文字，也传下诗歌，有《垂虹亭观雪和友》诗：

> 爱看积雪上垂虹，水市沙洲四望通。
> 隔寺独围浮玉塔，移舟如在广寒宫。
> 桥亭古驿明斜日，松柏荒坟响朔风。
> 六出花飘凡五度，拼将蓑笠趁渔翁。

诗中的"浮玉塔"，指垂虹桥东南堍的华严寺塔，初建于宋元祐四年（1089），与垂虹桥组成"桥塔相映"的景观；"古驿"，指松江驿，唐代刘长卿、张祜、方干等人为其留下诗句。诗人所描绘的垂虹雪景与垂虹桥东北侧的钓雪滩冬雪景致是颇为匹配的，以前，这里芦蒿丛生，是垂钓的好去处，吴江的文人雅士冬日多于此垂钓，故名钓雪滩。曾任吴江知县的王益祥诗云："雪月蒲天迎客夕，依然身似个中人。"南宋理学家魏了翁诗云："西塞渔蓑披雪净，清湘欸乃弄烟轻。"明副都御史陈璧诗云："定谁袖得功名手，来作寒江钓雪人。"该诗尾联"六出花飘凡五度，拼将蓑笠趁渔翁"与之相比，堪有异曲同工之妙。

# 康乾嘉三帝咏垂虹

据史籍和方志记载,清康熙帝和乾隆帝均曾六次南巡。另据清乾隆《吴江县志》、道光《平望志》和光绪《吴江县续志》记载,这两位皇帝先后为吴江留下了《苏州启跸作》《晚过吴江》《入平望》《三高祠》《鲈乡亭》等多首诗作。

其中康熙帝的《晚过吴江》,首句便吟咏了被誉为"江南第一长桥"的垂虹桥。康熙帝的诗为:"垂虹蜿蜒跨长波,画戟牙樯薄暮过。灯火千家明似昼,好风好雨祝时和。"诗的第一、二句将垂虹桥蜿蜒千尺横跨于碧波之上和饰有彩戟的龙船在薄暮色中缓缓而过的情景跃然纸上。

康熙帝像

乾隆帝像

康熙帝还将他对垂虹桥的爱怜之情移至河北承德的避暑山庄里。避暑山庄是我国现存最大的皇家园林，博采众长，将"南秀北雄"的园林艺术融于一体。园中的水心榭是最为有名的建筑之一，位于"卷阿胜境"殿的北面，此处原为出水闸，康熙四十八年（1709），扩建热河水宫，挖筑了银湖和镜湖，在水闸上架石为桥，桥上筑三座亭榭，康熙帝亲笔题名为水心榭。看到水心榭的景观，就犹如见到了"三起三伏"的吴江垂虹桥。

康熙帝还为避暑山庄里的一景"长虹饮练"题诗："长虹清径罗层崖，岸柳溪声月照阶。淑景千林晴日出，禽鸣处处八音谐。"诗前有序为："湖水澄碧，

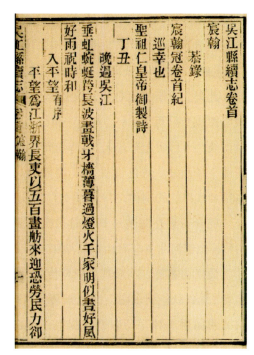

清光绪《吴江县续志》载康熙帝《晚过吴江》诗

一桥卧波。桥南种放汉荷花万枝，间以内地白莲。锦错霞变，清芬袭人。苏舜钦垂虹桥诗，谓如玉宫银界，徒虚语耳。"序中的"苏舜钦垂虹桥诗"即是《新桥对月和柳令之作》，苏诗中的"新桥"即是指当时新修的吴江垂虹桥，诗中有句云"佛氏解为银色界，仙界多住玉华宫"。从康熙帝的《序》中可看出，清初时垂虹桥之景与宋代时相比已有较大的不同。

查清光绪《吴江县续志》，乾隆帝曾两度吟咏垂虹桥畔的三高祠，第一首为："碑记今观范成大，画图昔咏李公麟。三吴共仰三高节，避世常为住世人。"其祠曾由范成大作记；李公麟是北宋的著名画家，作有《吴中三贤图》（三贤即三高祠所祀的范蠡、张翰和陆龟蒙），乾隆帝曾为该图题句。第二首为："避祸何曾忘货殖，思莼直是见几图。天随不赴蒲轮召，一例三高安勉殊。"第一、二、三句依次写了三贤。

乾隆帝还吟咏垂虹桥畔的鲈乡亭，诗为："林家亭子陈家句，津逮都因张季鹰。四柱中曾人几阅，莼鲈得味几人曾。"诗中的"林"，指的是宋熙宁（1068—1077）

年间的吴江知县林肇（字公权，浙江湖州人），他观览吴淞江、太湖胜境后缅怀古人而建造了鲈乡亭；"陈"指的是指宋代诗人陈瓘，作有《吴江鲈乡亭》诗，中有句云："莼菜鲈鱼好时节，秋风斜日旧烟光"。

此外，乾隆帝对他皇祖父康熙帝亲笔题名、景观酷似吴江垂虹桥的避暑山庄水心榭也专门写了《水心榭》一诗："一缕堤分内外湖，上头轩榭水中图。因心秋意萧而淡，入目烟光有若无"。诗前尚有一序，为："界水为堤，跨堤为榭。弥望空碧，仿佛笠泽垂虹。景色明湖，苏（堤）、白（堤）未得专美。"诗序中的"笠泽"为太湖，也是吴江以前的别称之一，"垂虹"则明白无误地指垂虹桥。

乾隆帝还在写他地景观时多次提到吴江的垂虹桥。如为乾隆初年修建的紫泉行宫（位于河北省高碑店市新城镇）写诗道："长桥饮练学南国，颠米诗情忆宛然。几度吴江访古迹，不知其处只名传。"诗中的"颠米"，即指为吴江垂虹桥留下千古名句"垂虹秋色满东南"的北宋著名书画家、诗人米芾。又如在他游苏州后为仿建的圆明园狮子林写诗时两度提到了吴江垂虹桥。一是《狮子林八景·虹桥》："驾

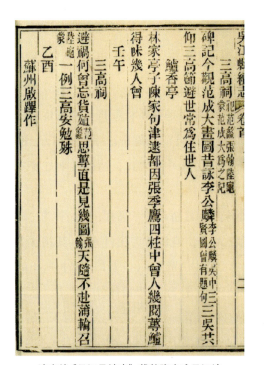

清光绪《吴江县续志》载乾隆帝咏吴江诗

溪宛若虹，其下可舟通。设使幔亭张，吾当问顺风。"诗前有序："跨水为小桥，垂虹宛在，片云帆影，何必更羡吴江。"二是《再题狮子林十六景·虹桥》："弯弯上下影成双，半似虹桥半月窗。铜笛一声随处是，新亭何必忆吴江。"诗的末句"新亭何必忆吴江"，在赞美圆明园狮子林虹桥的同时，充盈着对吴江垂虹亭的爱怜、眷念之情。

乾隆帝之子嘉庆帝对于垂虹桥，吴江方志上虽未记载其到访的史实，但他也有吟咏垂虹桥的诗。这得从明代书画家沈周说起。沈周画有《垂虹暮色》图，此图系沈周《三吴集锦册》之一，为纸本水墨画，现藏台北故宫博物院。

此图右起画坡岸、泊舟，丛树间掩映寺庙殿宇，后有七层浮屠华严寺矗立。左边垂虹桥连绵起伏，中有垂虹亭，亭有左右拱门，亭后通一岛屿，上亦有一亭。图左起为绿树一丛，渔舟闲泊，近处有二三子泛舟湖上，桥后有帆影数片，远山如黛，横于太湖之上。

嘉庆帝于嘉庆甲戌（1814）年在此图上题有一诗，是为："秋色清寥夕阳远，垂虹卧波游龙宛。浮屠高峙茂林端，策杖延瞩天欲晚。沧浪浩渺通太湖，遥峰一抹云外铺。连延七十二涵洞，长桥据胜雄三吴。片帆斜挂泛小艇，水禽几点冲烟溟。蟛蛛跨浪安鲸鲵，元气高接银汉迥。"嘉庆帝所作之诗与沈周所创画面结合阅来，相得益彰，可称是一组诗配画的佳作。

# 张大受赵执信唱和咏垂虹

张大受像

张大受（1660—1723），清初大臣、文学家，字日容，号匠门，长洲（今江苏苏州）人，籍属嘉定（今上海嘉定）。生有异才，通经史百家。少从学于朱彝尊，为朱彝尊和汪琬所重。世居吴郡匠门，"喜诱掖后进，四方造门请业者无虚日"。康熙帝南巡时，尝召至御舟赋诗，因宣入纂修馆。康熙四十八年（1709）进士，授翰林院检讨，奉命督学贵州。善诗文，尤工骈体，清新独出。著有《匠门老屋集》。

翻阅吴江方志，见张大受与吴江的交集颇多。吴江有一位清雍正二年（1724）的进士，名李重华，先后任翰林院庶吉士、编修，四川乡试副主考官等，乾隆十六年（1751）乾隆帝南巡路过吴江时，专门接见免职在家的李重华并赐予编修原衔，而李重华的启蒙老师即是张大受。张大受为吴江写的诗和文都有，诗有《顾野王庙》等，文有《广文汝公殉节篇》等。其吟咏垂虹桥之章当数《貂裘换酒·寿徐虹亭检讨和秋谷韵》这首词：

拍手蓬莱殿。问仙人，东流沧海，尘扬几遍。百尺垂虹堪俯仰，最喜叉鱼射雁。岁岁傍，江湖相见。七十人生须畅饮，试停舟，日落丹枫岸。看鬓发，随时换。

　　乘槎枉用探银汉。梦依稀，暂行天上，漏残香散。那似亭开丰草地，却望浮云长叹。只合比，漫郎称漫。自笑常时吟诗句，对飘零，耆旧清溪畔。今不乐，负吾愿。

　　"貂裘换酒"，为词牌贺新郎的别称。题中的"徐虹亭"，即徐釚（1636—1708），清代著名词人，字电发，一字虹亭，号拙存，晚号枫江渔父，吴江西蒙港人，后居吴江城内。康熙十八年中博学鸿词科，授翰林院检讨，入史馆纂修明史。七年后，因忤权贵，因归故里，东入浙闽，历江右，三至南粤，一至中州，游历所至与名流雅士相题咏。康熙帝南巡，两次赐予御书，诏原官起用，不就。著有《南州草堂集》《词苑丛谈》等。按年岁来算，徐釚是张大受的长辈，故此词是张大受为徐釚祝寿而填，且是唱和"秋谷"的。

　　这"秋谷"系指赵执信（1662—1744），清诗人，字伸符，号秋谷，晚号饴山老人，山东益都颜神镇（今属淄博）人。康熙十八年（1679）进士，授翰林院编修，历擢右春坊右赞善。因在"国丧"期间观演《长生殿》被劾革职。此后五十年间，终身不仕。他是王士禛的甥婿，论诗意见之不合，作《谈龙录》，对"神韵说"深表不满。诗主峻刻，部分诗篇对当时社会状况有所反映。有《饴山文集》《饴山诗余》等。赵执信与吴江也有缘，据清光绪《吴江县续志》记载，他继张大受之后作了李重华的老师。他贺徐釚之词为《贺新郎·寄松风老人》：

　　送尔辞金殿。记当年，狂歌一曲，京尘传遍。解道能文真不幸，我亦伤弓断雁。白首向，江南重见。画舫春深同载酒，带斜阳，系著垂杨岸。惊十度，岁华换。

赵执信像

频来往事成河汉。况平生，无多知旧，星流云散。唯有金风亭长老，长和松风吟叹。尚醉后，诗篇烂漫。迟我扁舟和烟月，共平章，秋色垂虹畔。归未卜，定如愿。

词题中的"松风老人"，指徐釚，因其书屋名"松风"，据清乾隆《震泽县志》载，松风书屋在吴江西城内，为徐釚晚年所居，后由其孙名医徐灵胎移建于北门外。

阅张大受之词，上阕中有"七十人生须畅饮"之句，可知张大受与赵执信的唱和二词均是在祝贺徐釚七十大寿时所填，时应在康熙四十四年（1705）或四十五年（因庆寿有虚岁与实岁之分）；"试停舟、日落丹枫岸"，与吴江别称枫江相合。下阕中句"那似亭开丰草地"，"丰草"系徐釚晚年所居吴江松风书屋中之亭名，由浙江秀水朱彝尊以隶书题额。

阅赵执信之词，下阕"唯有金风亭长老，长和松风吟叹"中的"金风亭长"，指"清词三大家之一"的浙江秀水朱彝尊，与徐釚为同辈之人，"松风"即指徐釚。

观张大受和赵执信这两首词有两个共同之处，一是同贺徐釚七十大寿，一是都在词中吟咏了徐釚家乡的第一名胜垂虹桥，一曰"百尺垂虹堪俯仰，最喜叉鱼射雁"，一曰"迟我扁舟和烟月，共平章，秋色垂虹畔"，可谓心有灵犀，不约而同地道出了对垂虹桥的爱怜之情。

清光绪《吴江县续志》载李重华从张大受游复学于赵执信等

# 胡会恩题诗咏垂虹

　　胡会恩（？—1715），字孟纶，号苕山，浙江德清人，幼年从叔父胡渭而学。康熙十五年（1676）得中榜眼，授翰林院编修，后升内阁学士，礼部、兵部侍郎，官至刑部尚书。工诗，有清腴之致。康熙五十四年病卒。著有《清芬堂存稿》八卷及《赓扬集》等。

　　清乾隆《盛湖志》上转刊胡会恩《清芬堂存稿》里的《题计希深驴背琢诗图》诗二首，看着诗题，似与垂虹桥风马牛不相及，但其中的内容却是真切地写到了垂虹桥：

> 万叠秋山夕照虚，霜林风物自萧疏。
> 年年落尽长安叶，不道诗人尚跨驴。
>
> 垂虹秋色满江乡，负米归来爱日常。
> 检点奚囊千万首，溪阳高卧读书堂。

　　诗题中的计希深即计默，字希深，号菉村，清吴江人，为吴江盛泽奇才计东的次子，附贡生，其诗文卓绝，有《菉村文集》《菉村诗集》等。他濡染家学，诗文卓绝，遨游四方，名满艺林。唐代诗人孟浩然归隐山林，情怀旷达，常冒雪骑驴寻梅，曰："吾诗思在灞桥风雪中驴背上。"此后，历代文人多有题诗"踏雪寻梅"图。计希深同样效仿绘制《驴背琢句图》。

清乾隆《盛湖志》载胡会恩诗

图成后有不少诗人题诗，除了胡会恩的两首诗外，尚有吴江籍翰林院检讨徐釚的两首："绝倒诗人孟浩然，常从驴背耸吟肩。输君收拾奚囊里，不用推敲句已传。""记曾乌帽触西风，剩得衰颓一老翁。回首软红尘十丈，旧游都在画图中。"明末清初书法家、史学家姜宸英的两首："一鞭踏雪又冲风，多少征人歧路中。遥指去程犹木末，可知今日负诗翁。""柳堤烟渡晚惝惝，付与骚人取次吟。知尔闲清无著处，北堂萱草最关心。"清初诗人、画家汪文柏的两首："历尽穷途气未降，十年驴背当山窗。伫看得意春风里，袅袅鞭丝到曲江。""负米寻诗亦苦辛，倚鞍人忆倚闾人。显扬早遂平生愿，才把吟鞭换钓纶。"

细看这六首诗的内容都与垂虹桥无关，唯有胡会恩的诗中写到了垂虹桥，可见此桥在他心目中的地位。视线回到他的这首诗上来。诗中的"奚囊"，唐李商隐《李长吉小传》："每旦日出，与诸公游，恒从小奚奴，骑距驴，背一古破锦囊，遇有所得，即书投囊中。"后因称贮诗之袋为"奚囊"；"溪阳"，溪水之北。

诗中的"垂虹秋色"，源自北宋米芾的《吴江垂虹亭作》，该诗的后两句为："好作新诗继桑苎，垂虹秋色满东南。"此后，"垂虹秋色"这四字常被人运用，因此近年吴江评定吴江运河八景将垂虹桥景观定为"垂虹秋色"。

# 姚承绪吴趋访古咏垂虹

　　姚承绪，字缵宗，一字八愚，生于清嘉庆（1796—1820）年间，江苏嘉定（今属上海）人，博学能记，好访古题咏，曾遍访吴地胜迹，每至一处，必题咏以记之。道光九年（1829），他将自己所题汇聚而编之，凡五百四十六首，题之为《吴趋访古录》，书于道光十八年编就，刻于翌年。书名中的"吴趋"，为吴地歌曲名，后以"吴趋"作为吴地之别称。

《吴趋访古录》

　　翻阅《吴趋访古录》，见既有记"利往桥"，又有记"垂虹亭"的。先来看前者所记。"利往桥，一名垂虹，又名长桥，左江右湖，以济往来。作亭其上，水乡光景如在目前。宋庆历间建。"接下来是姚承绪写的一首诗：

江潮接湖流，东西路遥隔。欲济无津涯，茫茫水天白。

有桥亘其中，永息风波阨。构木驾层虚，作亭显翼翼。

俯仰入混茫，烟云幻顷刻。日景丽晴川，滉漾变朝昃。

往来萃车徒，喧杂无主客。垂虹落天半，蜾蜿笑非敌。

塞险守夷途，坚若墙与壁。至今利涉功，卒赖倡始力。

该诗在诗题后标注"用王荆公韵"，王荆公指北宋政治家、文学家、思想家王安石，晚年退居江宁（今江苏南京），封荆国公，世称荆公，曾为吴江垂虹桥作《长桥》一诗，中有"颇夸九州物，壮丽此无敌"之句，对垂虹桥极尽赞美之辞（详见本书《王安石诗赞垂虹桥》）。姚承绪在诗中与王安石的对应之句为"垂虹落天半，雌蜺笑非敌"，对垂虹桥大力称颂，说"雌蜺"也敌不过此桥。

记垂虹亭的文字为："垂虹亭，在长桥上。南临具区，北枕松江，云山烟树、风帆沙鸟在指顾间"。其后赋诗为：

> 垂虹桥下回虹影，桥上危亭枕碧流。
> 极浦人烟迷橘柚，远山云树渺汀洲。
> 西风吹老鲈乡梦，落叶飘残笠泽秋。
> 安得小红低按拍，玉箫声里试清游。

诗后附语为："宋姜夔题垂虹亭有'小红低唱我吹箫'之句。"

姜夔曾为垂虹桥作《过垂虹》诗："自琢新词韵最娇，小红低唱我吹箫。曲终过尽松陵路，回首烟波十四桥。"姚承绪诗的尾联，便是糅进了姜夔的诗意，又加上了自己的发挥。

# 殷兆镛三咏垂虹桥

现北京清华园内有一处引人入胜之景，名曰"水木清华"。这里，四时变幻的林山，环拢着一泓秀水，山林之间掩映着玲珑典雅的轩亭，轩额"水木清华"庄美挺秀，据载是清康熙帝的御笔，此额四字出自晋人谢混诗："惠风荡繁囿，白云屯曾阿。景昃鸣禽集，水木湛清华。"轩匾两侧朱柱上有一副对联，是为：

> 槛外山光，历春夏秋冬万千变幻，都非凡境；
> 窗中云影，任东西南北去来澹荡，洵是仙居。

乃出自吴江平望人殷兆镛之手。

殷兆镛（1806—1883），字补金，一字序伯，号谱经，清道光二十年（1840）进士，选庶吉士，授翰林院编修，入直上书房授钟王、孚王读书，主持湖北、陕甘、福建等地乡试，三次主持顺天乡试，还为道光帝讲解经传史鉴，累迁至大理寺少卿，礼、兵、工、吏、户部侍郎，赐紫禁城骑马，王公朝士好多出自其门下。性清简，有志操，负经世大略。能诗文，有《齐庄中正堂诗钞》等，工书法，吴江博物馆现尚藏有殷兆镛撰书的一副对联，是为"风生碧涧鱼龙跃；日照青山松柏

殷兆镛像

清光绪《平望续志》载殷兆镛

香"，联语富有诗意，笔法流畅灵秀。

殷兆镛是吴江人，对吴江的第一名胜垂虹桥当然十分爱恋，翻阅他的《齐庄中正堂诗钞》，就可看到一首题为《垂虹亭》的诗，是为：

> 已别莺湖又太湖，松陵门外泊菰蒲。
> 三千余里客将发，七十二峰秋可呼。
> 故国霜涸津树晚，长桥月涌浪花粗。
> 狂歌未契吹箫伴，且擘金柑脍玉鲈。

此诗是殷兆镛写在他离开家乡去京城之时，因此"已别莺湖又太湖"，吴江与北京相距约有三千里之遥，故诗中有"三千余里客将发"之句，他先离开平望莺湖来到太湖边的松陵，船停泊在东门外垂虹桥畔。以前，垂虹桥距太湖只有三里之远，故洞庭"七十二峰秋可呼"。诗人在颈联描绘了一幅垂虹秋色夜景图后，在诗的最后感叹自己来到这里，虽不能像当年姜夔一样"小红低唱我吹箫"，但也能感受到米芾"玉破鲈鱼霜破柑"和"垂虹秋色满东南"的意味。

浏览《齐庄中正堂诗钞》，还见到两首殷兆镛咏吴江写到垂虹桥的诗，一首题为《八月二十四日泊吴江，次日至平望、嘉兴》，此诗为五言古风长诗，中有"邮程舣垂虹，秋景依然好。多年兵燹余，修复工粗了"之句，旁有"桥工是日合龙"之注。句中的"邮程"即驿道，垂虹桥地处吴淞江与京杭大运河交界处，这驿道就在大运河的西岸，因此离得很近，殷兆镛所乘之舟泊在垂虹桥畔，看到"秋景依然好"。从他的诗句中可知，垂虹桥经多年兵灾后，得到了修复，恰巧在他到垂虹桥的这一天合龙了。

另一首题为《泊吴江大东门外》，为一首七律，首联道："三高祠畔暮帆收，曳杖登桥感昔游。"这"三高祠"在垂虹桥畔，"桥"即指垂虹桥，从诗句中可知殷兆镛写此诗时已上了年岁，是"曳杖登桥"，因此，有"感昔游"的喟叹。

# 沈锡华修长桥重建垂虹亭

沈锡华（1808—1878），浙江海宁人，字问梅，号疏影，亦作疏景、疏景主人，清咸丰七年（1857）起，先后任吴县光福巡检、吴县知县、吴江知县等。同治九年（1870），调任常熟知县，后因病请辞，寓居苏州。光绪四年（1878）卒，享年七十岁。沈锡华虽只是个七品官，但秉持清正廉洁，勤奋务实，赢得后人尊敬，被修志者视为"名宦"，载入《清史列传》，并被收入《江苏省通志稿·人物志》。

沈锡华与吴江是颇有因缘的。清咸丰十年（1860）四月十三日，太平军攻克苏州，四月二十五日占领吴江县城。翌年至清同治二年（1863），清军与太平军在吴江县城一

清光绪《吴江县续志》载沈锡华入吴江城

直拉锯战。由于战火，垂虹桥与垂虹亭均遭到破坏。同治二年四月二十八日，晚清重臣、淮军统帅李鸿章手下程学启部占领吴江县城。此时，为监生、吏员的沈锡华随程学启部进城。此前，李鸿章在攻克吴江前，就已物色人才前来宰之，他推荐了沈锡华，上疏后准报，为"奉委代理"，于同治元年九月在上海接任。翌年正月，补授。

沈锡华在两次担任吴江知县期间（第一次是任至同治七年八月去任，当了六年；第二次是同治八年八月署任至九年六月去任），办了不少事。如在同治四年（1865），他会同震泽知县万青选重建垂虹桥东堍的吴江文庙（现为江苏省文物保护单位）大成殿、东西两庑、戟门、棂星门及乡贤祠、名宦祠。同治五年春，他到各乡动员修筑圩岸，竣工后，又到各圩踏勘，并定下每年农闲修圩岸的规矩。八月，他进行清粮，改立版图，分设乡柜，并勒石。同治六年，重建养济院、育婴堂，置田荡四千两百余亩为育婴堂的开支。重建城隍庙，捐养廉银重建松陵书院。同治七年，他在同里、黎里、芦墟、莘塔四镇设社学。同治八年，在同里、盛泽、芦墟三地建积谷仓。

值得一提的是，沈锡华在同治五年捐俸修垂虹桥，并重建了桥上的垂虹亭。当时，垂虹桥仍是太湖水东泄的主要出口之一，但蒿芦丛生，桥拱淤塞。因此，他组织人力疏浚城河和垂虹桥，既利于舟楫往来，又有利于太湖的泄洪。垂虹亭重建落成之时，沈锡华延请吴县木渎人道光二十年榜眼、官至詹事府右春坊右中允的晚清思想家、散文家冯桂芬作《重建垂虹亭记》，记中说垂虹桥所在地已非当年南临太湖、北枕吴淞江的地理环境，"垂虹左右蒿芦壅淤，渐成平陆"之状则始于明代中叶，但他对垂虹桥的胜景恢复仍充满着憧憬，他在记的最后写道："一旦旷然复宋元之旧，余老矣，尚将携杖登亭，凭阑眺远，朗吟半山青邱之句，与波涛相应和，此岂寻常游观之美登赏之乐云尔哉！"（"半山"指北宋王安石，"青邱"指明初高启）。

时吴江宿儒黄象曦为沈锡华重建垂虹亭，喜赋七律一首：

垂虹景色一亭收，尘劫荒凉几度秋。
旧制翚飞标胜概，新欣鸠筑颂贤侯。
人间兴废全关运，吾辈登临复此游。
往迹天随何处认，茫茫烟水问沙鸥。

近现代——

# 樊增祥与垂虹桥

樊增祥（1846—1931），文学家，字嘉父，号云门，一号樊山，晚号天琴老人，湖北省恩施人。光绪三年（1877）进士，清末官至江宁布政使，权署两江总督。辛亥革命爆发，避居沪上。袁世凯执政时，官参政院参政。曾师事光绪六年进士、文史学家李慈铭。工诗，为同光派的重要诗人，诗作艳俗，有"樊美人"之称。亦能词及骈文。逝后遗诗三万余首，并著有上百万言的骈文，是我国近代文学史上不可多得的高产诗人。著有《樊山全集》。

**樊增祥像**

樊增祥填有《忆旧游·甚莼波松雨》一词：

甚莼波松雨，白石仙人，又到垂虹。系缆桥亭畔，正栖鸦病柳，瘦倚西风。万顷具区烟水，残照湿濛濛。问素袜明珰，采香泾里，底处相逢。

绝代填词手，向水云深处，凭吊遗踪。寂寞吴江路，念楚骚谁续，霜陨兰丛。为问米船图画，淡墨是何峰。且笛谱重翻，悽悽冷烛双泪红。

词中的"白石仙人"，指南宋诗人姜夔，姜夔字尧章，号白石道人，作有《过垂虹》一诗；"具区"，太湖的别称之一；"明珰"，用珠玉串成的妆饰品；"米船图画"，

1935 年的垂虹桥亭

指北宋书画家、诗人米芾，常乘舟载书画游览江湖，后常以"米家船"借指米芾的书画。

　　说樊增祥的这首词得从蒋鹿潭说起。蒋鹿潭（1818—1868），江苏江阴人，晚清三大词家之一，名春霖，字鹿潭，一生落拓不得志，虽有才学，但只做过几年盐场的小官。丢掉官职后，靠着盐商和友人接济，住在泰州溱潼镇的水云楼中读书写作。中年过后，专事填词，存世的一百零六首词刊刻为《水云楼词》，在文学艺术上有着颇高的成就，识者将其与清初著名词人纳兰容若并称。

　　蒋鹿潭的婚姻很是不幸。咸丰十年（1860），蒋鹿潭携妻居于泰州，其妻不久后去世。后蒋鹿潭结识了年轻女子黄婉君，二人共同寓居于溱潼水云楼，并常往返于泰州与东台之间，留下了许多吟咏泰州的诗文。蒋鹿潭在水云楼与黄婉君共同生活的这段日子，充满了幸福与痛苦，充满了希望与绝望。但这一段不如人意的生活，却最终将他推向绝境。

　　同治七年（1868），蒋鹿潭因家中断炊，在黄婉君催促下，遂离开水云楼，前往苏州、浙江衢州寻求友人帮助，但友人都因曾多次接济而选择了回避。返回途中，蒋鹿潭在经过吴江垂虹桥时，感到前程茫茫，伤痛之余在船上服毒自杀（一说投水而亡），殁年五十一岁。后来，船家找到了蒋鹿潭生前结识的曾官两淮盐运使、词人杜小舫，杜小舫将蒋鹿潭的灵柩送归泰州，黄婉君闻知蒋鹿潭的死讯后，用一根白绫将自己悬在蒋鹿潭的灵柩旁。

若干年后，江阴籍近代藏书家、史学家缪荃孙泊于吴江垂虹桥下，有感于同乡蒋鹿潭之事，拈《忆旧游》之调填之，并画《垂虹感旧图》，嘱友人题之。樊增祥遂"雨夜披图，即同其调"，填写了此词。在词的下阕，樊增祥专门祭悼了蒋鹿潭。

# 丁祖荫周焘重修垂虹桥

《重修垂虹桥征信录》

民国二年（1913）五月，近代知名官吏丁常熟人祖荫被任命为吴江知事。时值吴江辛亥（1911）大水过后不久，"丧乱饥馑，公私涂炭"。他到任的那天，下车经过垂虹桥，看到这里"弥望菰芦平陂一片"，与以前所听说的垂虹美景有很大的差距，感叹明中叶以来，几百年间的变迁之大。他认为吴江乃是太湖的要冲，不加以治理则水害肯定更大。于是，他就把自己的感触和想法向省吏告说，上级"稍稍动治湖之议"。又因资金不足，准许选择泄水要口先进行疏浚。

不巧的是，方案定下来了，第二年，即民国三年（1914）夏，丁祖荫却因勤政致疾，辞去了吴江知事之职。于是，他就向上级转告了吴江的民意，在疏浚太湖出水口的同时修缮垂虹桥，并将一年俸金三千缗分文不取，全数捐出。同时，提出资金不足请省里拨给，再不足的话由当地好义者赞助。这一年的八月，湖南长沙人周焘继任吴江知事，向江苏省水利局申请拨款，结果拨了一千元，自己捐俸四百元，加之丁祖荫的捐款和地方上的捐助，开始了垂虹桥的修缮工程。周焘举荐吴江人费承禄为监修，由修建盛泽白龙桥的石匠刘景祺承修。

这次修桥工程，按照"淤者去，塞者通，圮者治，循其故迹，勿伤民居"的原则进行。当时由于桥的东西两堍均有一些桥孔被埋入土中，地面仅见四十四孔。施工时，拆卸清理二十五孔，其中大四大孔东移二丈八尺，北向镌刻了一副集句对联"八十丈虹晴卧影；万千年浪直冲湖"，上联取宋代杨杰《舟泊长桥》中句，下联取明代杜庠《垂虹桥》中句，南向镌刻了"中华民国四年六月"和"官绅商富阖邑善姓捐资重修"字样。西首小孔西移二丈，其余十四孔均未动水盘石，仅修侧塘、券板石和两面锁口。桥面和垂虹亭全面整修。另外，还将桥东侧大孔落架后重建。

历经前后近十个月，垂虹桥修缮工程于民国四年（1915）六月竣工，共计用金七千余元。"落成之日，春阳载涂，行旅往来，交口称便。"周焘邀请丁祖荫撰写了《重修垂虹桥记》，并亲自书写。曾任江苏省议会秘书长的金祖泽（吴江人）也撰书了《重修垂虹桥记》。丁祖荫在记中表达了对于垂虹桥重修竣工的喜悦之情，也表示留有一些遗憾，那就是"至于虹霓璀璨之壮观，未遑一复其旧"，但他对垂虹桥的前景是相当乐观的，憧憬道：

> 尚以俟诸三吴大治，物力康阜之时，倘有王世美、孙莘野其人者，慨然寻宋元之旧迹，侈江湖之胜概，余虽去（吴）江久，犹将从枫落鲈乡后，策杖重来，登亭抒啸，高吟秋满江南之句，为江人士美且颂也。

金祖泽则在记的最后赋诗一首，称颂丁祖荫和周焘两位知事重修垂虹桥："唯三万六千顷兮，侯泽与之俱长。"

桥修成后，编纂了一本《重修垂虹桥征信录》，吴江图书馆有藏。

邑人金祖泽撰《重修垂虹桥记》

# 陈去病与垂虹桥

陈去病像

陈去病（1874—1933），初名庆林，字佩忍，号巢南，又号垂虹亭长，中国近代诗人，南社创始人之一。江苏吴江同里镇人，因读"匈奴未灭，何以家为"，易名"去病"。早年参加同盟会，追随孙中山先生，宣传革命不遗余力。在推翻帝制的辛亥革命和讨伐袁世凯的护法运动中，都作出了重要贡献。其诗多抒发爱国激情，风格苍健悲壮。1923 年，担任国立东南大学（1928 年改为中央大学，1949 年改名南京大学）中文系教授。1928 年后先后任江苏革命博物馆馆长、大学院古物保管委员会江苏分会主任委员。1933 年，病逝于故乡同里。有《百尺楼丛书》五十余种。

　　陈去病与垂虹桥有着颇深的因缘，其号就是垂虹亭长。其实陈去病的初名也与桥有关。1874 年陈去病出生时，父亲陈允升已于五个月前去世，他成了遗腹子。母亲倪太夫人因丈夫不幸病逝，悲痛过度而成疾，于是年六月底赴苏州就医，生陈去病时住在苏州娄门平江路庆林桥旁的一家旅馆里，请当地有名的接生婆接产，陈去病的初名就用桥名命之，为庆林。1897 年，以陈庆林署名在《实学报》上刊载《兴西学必先正名说》一文。

　　陈去病后因仰慕西汉名将霍去病的气节和精神而改名为"去病"。因爱恋家乡吴江的垂虹桥，自号为"垂虹亭长"。1904 年 8 月 21 日、24 日和 26 日的《警钟日报》

连续刊载陈去病的《论戏剧之有益》，署名用的就是"垂虹亭长"。后此文又刊于《二十世纪大舞台》首期杂志，署名仍是"垂虹亭长"。1909 年秋，陈去病自作小传，名《垂虹亭长传》，曾请人镌刻过多方"垂虹亭长"之印。

"去病"之名和"垂虹亭长"之号在陈去病自撰的一副对联中展现着身影。陈去病居所内有一堂楼，名绿玉青瑶之馆，堂上挂有两副对联，其一为"雁帛传书刚成寿字；鸡年舞彩如见壮心"，此联为陈去病六十寿辰时，南社社员茅祖权为庆贺而撰书的。另一副为"其人以骠姚将军为名，垂虹亭长为号；所居有绿玉青瑶之馆，澹泊宁静之庐"，系当年陈去病自撰，联中"骠姚将军"指的即是霍去病，"垂虹亭长"即是陈去病的号。

陈去病对垂虹桥如此爱恋，自然作有垂虹桥的诗，其《独步垂虹亭望积雪并追怀顾雪滩诸先哲》影响颇广。这是一首五言古风体，全诗为：

陈去病自撰"垂虹亭长为号"对联

一夕朔风紧，大雪纷如埃。琼英满郊坰，照地清光来。

放步出东郭，纵望开吾怀。踟蹰上垂虹，恍惚登瑶台。

孤塔耸云表，危矶临水隈。群鸦竞乱飞，入暮林未归。

噪寒哑不声，拍翅重徘徊。缅怀钓滩人，一去今未回。

亭空逼寒气，桥横余莓苔。森森松江流，咽塞久不开。

宁关节寒冱，葄蒲成阜堆。忆昔承平时，风雅多雄恢。

斗大松陵城，而有天下才。此间足胜游，清酒时一杯。

雪拥雪滩叟，钓雪盈琼瑰。于时良不远，兴衰遽递催。

遗献半沦丧，斯文余劫灰。有如此颓景，一白无根荄。

临风发浩叹，悲壮声如雷。


　　陈去病这首诗作于 1899 年冬天，时年二十六岁，他游历垂虹桥及东北侧的钓雪滩，因而想起了清初居住在此地的顾有孝（1619—1689），即诗题中的"顾雪滩"。顾有孝，字茂伦，家住松陵垂虹桥堍钓雪滩，故号雪滩钓叟，江苏吴江人，明末诸生，是当时吴江名士，明亡后，他焚弃儒衣冠。康熙十七年（1678），举博学鸿儒，不就，居钓雪滩，以选诗为事。家里贫苦，但好客，颇负重名。所交皆高尚士，他与顾樵、徐介白、俞无殊、周安节为莫逆之交，有"穷孟尝"之称。临去世时，他命学生以头陀礼葬殓，因更号"雪滩头陀"。

　　陈去病从垂虹亭移步钓雪滩时，想到了他及其他诸位乡贤，不由得怀旧发兴，阐发了他对历史、现实的思考。其师长洲（今苏州市吴中区）大儒诸杏庐曾评价此诗"得大苏笔意"，这"大苏"即指北宋大文豪苏东坡。

# 金松岑与垂虹桥

金松岑（1874—1947），原名懋基，又名天翮、天羽，字松岑，号壮游、鹤望，笔名金一、爱自由者，自署天放楼主人，江苏吴江同里人。早年肄业于江阴南菁书院。甲午战争后，与陈去病在家乡组织"雪耻学社"，创办同川自治学社和理化音乐传习所，并应蔡元培之邀参加中国教育会和爱国学社，以文字鼓吹革命。入民国，先后任江苏省议员、吴江县教育局局长、江南水利局局长、上海光华大学教授。才气横肆，融古通今，其文"为豪杰之文"，其诗为"一代作手"，名满天下。著述甚富，有《天放楼诗集》、《天放楼文言》、《鹤舫中年政论》、《孤根集》、《皖志列传》、《词林撷隽》、《孽海花》（前六回）等。

金松岑像

金松岑是国学大师，对乡邦文化很重视，对邑中第一名胜垂虹桥更是关注，他虽然没有直接写垂虹桥的诗，但在多首诗歌中提到了垂虹桥。先来看《消夏湾赠冬木老人》：

明湾十里芰荷香，菰叶摇风翠荇长。

我是垂虹桥畔客，者番真到水云乡。

　　诗题中的"消夏湾",在太湖洞庭西山;"冬木老人",指秦散之,噪名晚清同治、光绪年间,他的诗、书、画三绝,晚年在消夏湾上建了几间精舍,入民国,他已耄耋高龄。

　　诗中的"明湾"约是指明月湾;"芰荷",指菱叶与荷叶,出自《楚辞·离骚》:"制芰荷以为衣兮,集芙蓉以为裳。";"荇",一种多年生草本植物,叶子略呈圆形,根生在水底;"者番",这番、这次之意。该诗第一、二句,在罗列了芰、荷、菰、荇这四种水生植物后,从气味、形态方面描绘一幅太湖洞庭的夏日景象,第三句诗人自报家门"我是垂虹桥畔客",这与他的同乡名人陈去病自号为"垂虹亭长"颇有点同类,第四句感叹"这次真的是到了水云乡"。

　　继来看这一首《公才新居落成,置酒索诗,杂写是日主客轰饮之状,以付公才,俾异日江城留一掌故》:

　　　　衣冠对严宾,不如闭关坐。村店沽浊酒,不如空腹饿。
　　　　春波醮江柳,江城大如磨。舣棹访垂虹,诗酒有例课……

纪念金松岑的同里天放楼

这一首诗是金松岑参加一个名叫公才的朋友新居落成宴会，在席上应邀而赋的，写的主要是主人和宾客轰饮的情况，难能可贵的是他想到了垂虹桥。

唐代宰相、诗人李绅写了《悯农》二首，流传甚广，千古传诵，被誉为"悯农诗人"，金松岑也写有一首同题的诗，诗前有小序："八月二十四日雨，至十月五日止，田庐尽淹，禾稻生耳，自道光己酉以来未有之灾也。嗟我农夫，何以卒岁？"查《吴江县志》，这场水灾发生在清光绪十五年（1889）的秋天，时年十六虚岁的金松岑写下了这首诗：

漏天沉沉雨脚直，湖神夜半叩我室。

晓看湖云万片低，雪浪蛟鼍翻广泽。

今年农夫告大有，底事秋霖忽淫溢。

禾稼垂头根烂死，长穗多供雁鸭食。

水中捞泥作堤埂，日暮归来脚肿湿。

惊蛇入户鱼生灶，瓮无余粮窠乏棘。

我家门巷势最高，水过湖心捣衣石。

支离庭菊开数重，螃蟹虽肥不忍吃。

米贵便须禁酿酒，岁晚恐难补种麦。

一雨四旬方开霁，水土何由分塈宅。

垂虹桥下波弥弥，寒菜荒畦试种植。

嗟尔流亡曷暂归，鸦阵西风晚来急。

该诗描述了"田庐尽淹，禾稻生耳"的水灾惨状，并发出了"嗟我农夫，何以卒岁"的悯农之声。"垂虹桥下波弥弥"，可见当时大水时，垂虹桥一带水流漫溢、一片弥漫的景象。

# 陈曾寿钟情白石咏垂虹

陈曾寿像

陈曾寿（1878—1949），晚清官员、诗人，字仁先，号耐寂、复志、焦庵，家藏元代吴镇所画《苍虬图》，因以名阁，自称苍虬居士，湖北蕲水县（今浠水县）人，光绪二十九年（1903）进士，官至都察院广东监察御史。入民国，筑室杭州小南湖，以遗老自居。其诗工写景，能自造境界，是近代宋派诗的后起名家，与陈三立、陈衍齐名，时称"海内三陈"。著有《苍虬阁诗集》《旧月簃词》等。

自北宋起，历代名人吟咏吴江垂虹桥的诗词不计其数，有数百首之多，其中不乏大名鼎鼎者，以两宋来说，北宋有张先、梅尧臣、苏舜钦、王安石、苏轼、苏辙、秦观、米芾等，南宋有叶梦得、张元幹、陆游、范成大、杨万里、张孝祥、辛弃疾、刘过、姜夔、戴复古、葛长庚、吴文英、周密、郑思肖、蒋捷、张炎等，陈曾寿则尤钟情于姜夔姜白石，他所填的吟咏垂虹桥的词也与姜夔有关。先来看《石湖仙·题石帚集》：

　　垂红春缆，正云雪凄迷，低唱箫畔。倾倒石湖仙，赠轻盈，流传事艳。闲情微寄，可抵得，此生幽怨。魂断。想佩环，万里天远。

　　江鸥旧盟好在，感侵寻，羁游已倦。水剩山残，一代飘零词卷。伴影阑干，忆人庭院。梦中都换，烟柳黯，西湖付与谁管。

　　词题中的"石湖仙"，是姜夔创制的词牌，"石帚集"，则是姜夔的集子（石帚是姜夔的别号）。词首句即写到了"垂虹"，接着又写了"低唱箫畔"，与姜夔《过垂虹》中句"小红低唱我吹箫"相照应。

　　再来看《鹧鸪天·偏爱沉吟白石词》：

　　偏爱沉吟白石词，只缘魂梦惯幽栖。扁舟一片长桥影，依约眉山压鬓低。
　　无限好，付将谁，漫云别久不成悲。思量旧月梅花院，任是忘情也泪垂。

　　词中的"白石词"，即指姜夔的词，结合下阕中的"旧月梅花院"句看来，这里姜夔的词特指姜夔当年在石湖范成大家所填的《暗香》《疏影》二词，《暗香》中有"旧时月色，算几番照我，梅边吹笛"之句；"长桥"，即垂虹桥；"眉山"，形容女子秀丽的双眉，词中以眉山喻为垂虹桥影。

　　该词的首句便直云"偏爱沉吟白石词"，下阕中的"漫云别久不成悲"，也是从姜夔《鹧鸪天·元夕有所梦》中"人间别久不成悲"句化来，可见词作者钟爱姜夔之情可谓深厚。

# 沈尹默词赋垂虹桥

沈尹默像

沈尹默（1883—1971），书法家、诗人，原名君默、字中，号秋明，浙江吴兴（今湖州）人，长于陕西汉阴。早年留学日本，后任北京大学文学系教授、北平大学校长。中华人民共和国成立后任中央文史研究馆副馆长、上海中国画院画师。"五四运动"时从事新文学运动，为《新青年》杂志编辑之一，发表过白话诗。旧体诗词功力亦深。书法工正、行、草书，以行书著名。初学褚遂良，后遍习晋唐诸名家，晚年融会苏（轼）米（芾）。精于用笔，清圆秀润中有劲健遒逸之姿。著有《历代名家学书经验谈辑要释义》《二王法书管窥》《秋明诗词》等。

沈尹默曾在浙江官立两级师范学堂、杭州府中学堂任教，而吴兴与吴江相邻，杭州与吴江很近，加上吴江陈去病、柳亚子在清末发起成立反清进步文学团体南社，沈尹默加入南社，因此，他与包括吴江在内的吴地联系颇多，他所作《苏州纪游》诗首句即曰："杭州游罢又吴城，不负清秋日日晴。"

沈尹默填有《清平乐》二首，其一为：

尘怀中酒，清梦都吟瘦。离绪西来销尽否，岳色河声依旧。
两行宫柳鸣蝉，鞭丝界破苍烟。淡淡斜阳疏雨，秋情犹记当年。

其二即写到了吴江，写到了垂虹桥，是为：

灞陵风色，柳眼欺人白。随处相逢随处别，梦断吴江烟月。
门前一带长桥，隔花何处吹箫？尽有送人双泪，廿年流尽江潮。

词中"灞陵"，为古地名，本作霸陵，故址在今陕西省西安市东，汉文帝葬于此；"柳眼"，早春初生的柳叶如人睡眼初展，故名；"长桥"，即指垂虹桥；"吹箫"，指南宋著名诗人姜夔当年从石湖范成大处带了侍女小红乘船过垂虹桥，有诗句吟道："自琢新词韵最娇，小红低唱我吹箫。""送人"，吴中旧俗，送南行之客人，至吴江垂虹桥折柳而别。

沈尹默成长于陕西汉阴，故他在该词中描述了灞陵一带的景色后，联想到了来过的吴江垂虹桥，由此抒发一种离别和思乡的情愫。

沈尹默还有一首词似也写到了垂虹桥（词中为"长桥"），是为《江城子·雪中游岚山晚归作》：

1967 年前的垂虹桥

　　万松相对意萧然，雪迷漫，更清妍，非雾非花，做就四垂天。玉宇琼楼天上有，却不道，在人间。

　　鸟声如说晚来寒，水沉山，碧潺潺，乘兴游人，缓缓放归船。莫上长桥桥上望，灯火暗，保津川。

　　岚山有几座，作者写的岚山估计是陕西的那一座，因他长于斯。

# 苏曼殊垂虹桥畔赋大招

苏曼殊（1884—1918），文学家，原名玄瑛，字子谷。后为僧，号曼殊。广东香山（今中山）人。留学日本，漫游南洋各地。能诗文，善绘画，通英、法、日、梵诸文，曾任报刊翻译及学校教师，与章炳麟、柳亚子等人交游，参加南社。其诗多感伤情调，小说运用浅近文言描写爱情故事，颇细腻生动。有《断鸿零雁记》《碎簪记》等作。还翻译拜伦、雨果等人作品。另撰有《梵文典》，今不传。有《苏曼殊全集》。

苏曼殊像

苏曼殊三十岁时，曾客居苏州一段时间，当时住在苏州乌鹊桥滚绣坊。柳亚子在其传中记录了苏曼殊旅居苏州前后之事："唯岁（民国元年，1912年）晚由檇李（今浙江嘉兴）入吴江之舜湖（今吴江盛泽），一探胜迹而已。二年癸丑（民国二年，1913年）夏，重游舜湖，爱其风景秀逸，居久之。旋过苏州，主滚绣坊郑氏……"从柳亚子的这段文字中，可知苏曼殊不但居住在苏州，也在吴江住过一段时间，因此，他当到过吴江的第一名胜垂虹桥，故写下了题为《吴门依易生韵》（其九）的诗：

　　　　　　平原落日马萧萧，剩有山僧赋大招。

　　　　　　最是令人凄绝处，垂虹亭畔柳波桥。


　　苏曼殊题为《吴门依易生韵》的组诗现今能看到的有十一首，有写姑苏台、寒山寺的，有写阊门的，也有写淀山湖的，写垂虹桥的这一首为第九首。诗题中的"易生"，即沈燕谋，江苏南通人，身兼实业家、学者、教育家，与苏曼殊交厚，沈燕谋早岁留美期间，苏曼殊对其一直挂念。据沈燕谋致柳亚子之子柳无忌的信中说："（曼师）作此诗时，实在盛泽桐兄（郑桐荪，柳亚子妻兄）家里。"沈燕谋所说与柳亚子所记是相吻合的。

　　诗中的"大招"，为《楚辞》中的一首诗，相传为屈原（或景差）所作。此诗在内容上可分两部分，一是极力渲染四方的种种凶险怪异，二是着意烘托楚国故居之美。诗的最后又大力称颂楚国任人唯贤、政治清明、国势强盛等，以诱使灵魂返回楚国；"柳波桥"，指垂虹桥，因桥身三起三伏，状若柳浪。该诗的意境似为：在苍茫空阔的原野上，夕阳西下，马鸣萧萧，剩有我这个山僧在为逝去的人儿唱着招魂曲。最令人倍感伤心凄凉的地方，就是那垂虹亭外的柳波桥。看来，苏曼殊在作此诗时的情绪是颇为伤感的，与其诗多感伤情调是吻合的。

# 柳亚子与垂虹桥

柳亚子（1887—1958），江苏吴江黎里镇人，原籍吴江北厍大胜村，本名慰高，号安如，改字人权，号亚庐，再改名弃疾，字稼轩，号亚子。中国近现代政治家，民主人士，诗人。清光绪二十九年（1903），加入上海之中国教育会（注：此处引自柳亚子子女柳无忌、柳无非所编的《柳亚子生平事迹年表》），后入同盟会和光复会。光绪三十一年，创办《复报》，宣统元年（1909），与陈去病、高旭一起创办南社，民国三年（1914）至民国七年任南社主任。曾与宋庆龄、何香凝等从事抗日民主活动，还曾任孙中山总统府秘书，中国国民党中央监察委员、上海通志馆馆长、民革中央常委

柳亚子像

兼监察委员会主席等。1949 年，出席中国人民政治协商会议第一届全体会议。中华人民共和国成立后，曾任中央人民政府委员、全国人大常委会委员、政务院文教委员、华东行政委员会副主席、中央文史研究馆副馆长。1958 年，因病逝世于北京，享年七十一岁。

柳亚子与垂虹桥有着颇深的因缘，他曾珍藏一幅明代的《垂虹亭图》。此图为纸本设色画，作者为文嘉（1501—1583），字休承，号文水，长洲（今江苏苏州）人，文徵明次子，吴门派代表画家之一，创作于明嘉靖二十年（1541）。该图卷描绘了垂

黎里柳亚子旧居门景

柳亚子旧居磨剑室

虹桥与垂虹亭的绮丽风光，水上烟波浩渺，山坡寺塔耸立，石桥犹如长虹卧波，亭庙相连宛如仙境，构图疏秀典雅，设色淡冶，具有极高的文物价值。1958年柳亚子逝世后，由时任苏州市文物保管委员会副主任的范烟桥征询柳亚子夫人郑佩宜同意，将原本拟捐赠给中国历史博物馆的柳亚子相关文物、文献，转而捐献给苏州地志博物馆（当时设在苏州文庙内，后移至东北街忠王府，更名苏州博物馆），文嘉

《垂虹亭图》亦在其中，故此图现珍藏在苏州博物馆。

柳亚子是诗人，对于家乡吴江的第一名胜垂虹桥当然有歌咏。浏览他的《磨剑室诗词集》，可看到不少吟咏垂虹桥的诗句。如在和陈去病的《次巢南吴门阻雪韵》有句云："何当十四桥头去，蓑笠垂虹有棹歌。"《后怀人诗十六章》有句云："不见松陵十里桥，为谁低唱更吹箫。"《浙游杂诗八十首，廿一年十月作》有句云："红叶丹枫色自娇，小红今日又吹箫。西湖不是松陵路，莫把垂虹误六桥。"这些诗句均用了南宋诗人姜夔携小红过垂虹"曲终过尽松陵路，回首烟波十四桥"（"十四桥"一作"十里桥"）之典。

又如《〈盛湖竹枝词〉题辞十二首，为沈秋凡作》中有句云：

> 沉沉院落说归家，雄艳蘼芜万口夸。
> 谁识垂虹亭畔路，有人鱼呗葬年华。

诗末转引了清人柴紫芳《芦峰旅记》中柳如是（柳如是初名杨爱）之妹杨绛子与垂虹桥的一段轶事：柳如是嫁给常熟钱谦益之后，杨绛子犹居垂虹亭，不与人往来，后抵押钏镯得千余金，构一小园于垂虹亭畔，每日诵读佛经，归心禅悦。柳如是数次写诗招她去，她一直没有回应，卒后留有《灵鹃阁小集》行世。

再如《自吴门归梨里，附轮舶行半日而达，舟中口号示佩君》中有句云："绵蛮乡语垂虹过，漂泊云程旅雁轻。"《寄周伽陵吴江，一月四日》中有句云："长公不和巢南逝，忍忆垂虹旧酒垆。"不管是在旅途中，还是在寄赠友人时，柳亚子都念念不忘家乡吴江的垂虹桥。

# 吴湖帆词画缀垂虹

吴湖帆像

吴湖帆（1894—1968），是苏州籍近现代著名书画家，名翼燕，字遹骏，号倩庵。中华人民共和国成立后，曾任上海中国画院画师，中国美术家协会上海分会副主席。他的山水画从"四王"、董其昌入手，踪及宋元两代诸位大家，博取众长，融铸新貌。他的书法初从董其昌，继法薛曜，后入米芾，晚年草书攻怀素，参酌祝允明，气势俊发。

吴湖帆也善填词，有《佞宋词痕》，在近现代颇有影响，完成于抗战期间，刊行于抗战胜利后。"佞宋"是迷宋的意思，在这本词集里有两首词写到了"三吴绝景"之一的吴江垂虹桥。先来看《清平乐·长桥玩月图》（"长桥"为垂虹桥的别称）：

齐云楼爇，千古伤心绝。烟树吴宫那堪说，斜照犹还明灭。
莫恨金粉无踪，残霸先消梦中。唯有长桥明月，依旧秋水垂虹。

词中的"齐云楼",齐云言其高与云相齐,该楼旧在苏州子城上,由唐曹恭王所建。词中说齐云楼烧掉了,吴宫没得说了,金粉没有了踪影,春秋吴国残霸早已消失在梦中,只有那"长桥明月,依旧秋水垂虹",凸现出凝重的历史沧桑感。

另一首是《南乡子七首·其三》:

> 花浪滚春潮。水满垂虹第四桥。双桨平移吟夜月,娆娆。波底银蛇荡万条。
>
> 絮语数来朝。更唱新词按碧箫。载得小红心似箭,迢迢。旧梦重经觉路遥。

《佞宋词痕》书影

该词上阕中的"垂虹第四桥",为两座桥,相距不远,都是吴江的名桥,垂虹桥自不必说,第四桥即甘泉桥,在现为大运河世界文化遗产苏州段运河十景之一的运河古纤道南端,傍临京杭大运河,桥畔原有一口甘泉,唐代茶圣陆羽前来品之为"天下四品甘泉",故桥亦称为"第四桥";下阕中的"小红",即南宋石湖范成大赠予忘年交姜夔的侍女小红,当时姜夔与小红,一个吹箫,一个低唱,舟过吴江垂虹桥。有姜夔的诗句为证:

> 自作新词韵最娇,小红低唱我吹箫。
> 曲终过尽松陵路,回首烟波十四桥。

吴湖帆是词人,更是书画家,他是20世纪前期海上画派的核心人物之一,专攻山水,也能画花鸟、人物,其绘画技法一方面来自于其师苏

吴湖帆《宝带垂虹》图

州书画名家陆恢，一方面得益于他的家学和家族收藏，其祖父是清代著名学者、书画家、金石学家吴大澂。吴湖帆为垂虹桥留下的画为《宝带垂虹》，是他于 1949 年临仿明代著名书画家沈周的一幅山水画。

此图的名称"宝带垂虹"，有点耐人寻味，可以看作是两座桥，宝带桥与垂虹桥。宝带桥在苏州吴中区，位于京杭大运河与澹台湖交界之处；垂虹桥现存东西两端二十余孔桥洞为全国重点文物保护单位。对于这两座桥，吴江有一座桥将之镌刻在了一副对联里。这桥名为浮玉洲桥，位于吴江三里桥南、京杭大运河与通往古镇同里的大窑港交界之处，其桥身上的一副对联为：

十里波光连宝带；一弯月影映垂虹。

上联中的"宝带"即指浮玉洲桥北侧的宝带桥，下联中的"垂虹"即指浮玉洲桥西侧的垂虹桥。

但吴湖帆的《宝带垂虹》图上只画有一座桥，因此，可知画家笔下之桥非是纪实，而是艺术性再现，可以说是宝带桥与垂虹桥融合体的再现，也可以说是单纯摹画形似一条宝带的垂虹桥。

吴湖帆在画中题写了这幅画的来历："宝带垂虹。沈石田（即沈周）有吴中十二景图册，十余年前余曾临一过。回忆仿佛，写此一景，用笔大概，不求形似。己丑（1949）五月，吴湖帆。"沈周为垂虹桥画有多幅画，现存的即有三幅，一幅为《垂虹暮色》，现藏台北故宫博物院；一幅为《吴江图卷》，也藏台北故宫博物院；一幅为《垂虹桥》，现藏上海博物馆。

吴湖帆的《宝带垂虹》与沈周的原作差异颇大，这幅画属于背临（指将其笔墨章法熟记于心）。沈周的原作为小品尺幅，吴湖帆将之改成了立轴大画，采用全景式构图，让画面更加饱满耐看。画中河水曲折纵横，构图形式原始于北宋院体画家，经过历代传承，到了吴湖帆这里，又融入了透视技法，让画面看上去仿佛延伸到天际，没有人工雕琢的痕迹，比自然之景更加幽深旷远。

# 费孝通心系垂虹

费孝通（1910—2005），江苏吴江松陵人，著名社会学家、人类学家、民族学家、社会活动家，中国社会学和人类学的奠基人之一，第七、八届全国人民代表大会常务委员会副委员长，中国人民政治协商会议第六届全国委员会副主席。费孝通从事社会学、人类学研究，写下了数百万字的著作，其《江村经济》被誉为"人类学实地调查和理论工作发展中的一个里程碑"，成为国际人类学界的经典之作。其著作甚富，有《费孝通全集》二十册。

**费孝通像**

几十年来，费老一直关心着家乡吴江的经济社会发展和文化建设。1984 年的一个晚上，费老在与吴江县委副书记（后任吴江市政协主席）徐静柏见面叙谈时，说道："吴江地处吴根越角，包融着吴越双重文化。""水是生命之源，桥文化的摇篮，吴江水多、桥多，是典型的水乡泽国、桥的王国。"说到此，费老十分自豪。继续说道："据 1935 年记载，全县有桥一千一百九十四座，前两年水利局统计增至三千八百二十座。吴江的桥无论在建筑风格上，还是在文化内涵上堪称江南之最，其中坐落在松陵镇的垂虹桥更以它不朽的魅力而名闻遐迩。"

徐静柏当时真佩服费老有年轻人一般的记忆力。费老呷了一口茶，又娓娓道来："我出生在县城东门，从小就喜欢在垂虹桥畔玩耍。那时，该桥还能见到四十四孔，

**费孝通所著《江村经济》**

桥中心的垂虹亭也完好无损，桥亭合一，气势恢宏。垂虹桥将水、城、路、桥、亭、园、寺、塔融为一体，构成了以人文景观为主的垂虹景区。其景点之多，景色之美，在江南一带也不多见。垂虹桥历尽沧桑，几经重建或修复。据资料记载，此桥初建时称利往桥，俗称长桥，桥孔最多时达九十九孔。历史上帝王将相、才子佳人慕垂虹桥盛名而来的不乏其人。'唐宋八大家''宋四家''南宋四大家''明四家''吴中四才子'中的大多数仁人志士及宋宰相王安石、李纲，清康熙帝玄烨都游览过垂虹桥。他们留下了无数描写垂虹桥及其周边景点的诗词文章或书画手迹。其中诗词多达数百首，脍炙人口之句如王安石的'颇夸九州物，壮丽此无敌'、苏轼的'绝景自忘千里远'、米芾的'垂虹秋色满东南'、王世贞的'吴江长桥天下稀'等等。所以垂虹桥不只因其'环如半月，长若垂虹''三起三伏，蜿蜒如龙'的建筑特色而显得壮丽秀美，独步天下，而且人文价值很高，景观内涵丰富。"

兴高采烈之余，费老突然低头长叹："十分遗憾，垂虹桥竟在 60 年代后期崩塌。"费老顿了一下，很快调整情绪，脸色逐步"由阴转晴"。他把眼睛盯着徐主席，语重心长地说："垂虹桥虽成了'断桥'，但它的影响犹存，文化价值不减。日后，条件许可，希望你们能把这座名桥和周边的主要景观恢复起来。"老人家还特别强调："这可是功在千秋、恩泽后代的大好事呵。"

费老对垂虹桥的历史和人文景观如此熟悉，说起来如数家珍，可见他老人家对垂虹桥有多深的情感。徐静柏当时知道费老之所以这样不知疲劳、详实地向他介绍其历史和现状，其实是在提醒他，更是在提醒大家要重视垂虹桥的恢复、保护和利用。

自 1984 年那天费老与徐静柏畅谈垂虹桥以来，岁月流逝了二十来个春秋，其间徐静柏常为自己未能为垂虹桥的恢复添砖加瓦而觉惭愧。他又从费老的侄孙费师夷先生处得悉，这些年来费老与垂虹桥的情结丝毫没有松动过。每次老人家来吴江调查研究，从不忘记抽时间到桥边走走看看，并与周边一些父老乡亲聊上一会。一次他还吟唱出"垂虹五彩迎天晴，鲈乡遗风念乡亲"的心声。尤其是在 2003 年 4 月的一天，费老受时任吴江市长马明龙之邀，与女儿费宗蕙、女婿张荣华及老友原吴江人大常委会主任于孟达一起去吴江中学，考察了吴江文庙大成殿和崇圣祠两侧的《历代名人咏吴江》和《孔子论语集句》两条碑廊。当费老看到宋代苏舜钦《松江长桥未明观渔》和米芾《吴江垂虹亭作》这两块碑刻时，更是触景生情，希望修复垂虹桥的愿望愈显强烈。当时他对身边的费师夷说道："政府和政协在吴江中学建起了两条文化碑廊，这对宣扬孔子思想，弘扬吴江文化很有意义。要是把垂虹桥也恢复起来，与文庙、碑廊融为一体那该多好。"又说："而今老徐（指徐静柏）不是任政协主席吗？你替我捎个信给他，建议政协就恢复垂虹桥能拿出一个建议案来，这可也是政协履行职能范围的事啊。"

这一天，费师夷就把费老的嘱托告诉了徐静柏。徐静柏听后，十分激动，他领悟到费老之所以意味深长地讲了"政协职能范围"这句话，是饱含着对自己的信任和厚望。第二天，徐静柏主动到费老下榻的吴江宾馆接取"令牌"。费老一见徐静柏就坦诚地说："恢复垂虹桥虽是我的长期心愿，但恢复得花不少钱，弄不好要劳民伤财。为了慎重起见，你也不要太急。我知道费师夷同国家文物局原局长孙轶青先生的关系不薄，可邀请老孙先来吴江考察一下，看看他有何想法和建议。然后，再定要否组织力量调查研究也不迟。"

在费老的关心下，时隔一月，孙轶青先生结伴中华诗词学会常务副会长、中华诗词社社长梁东来到了吴江垂虹遗址。那时，他俩虽只看到垂虹桥西段尚存的七个半桥孔，似乎已感受到当年的雄伟壮观，以及内在的人文价值。两位老人异口同声连连说道："值得恢复！应该恢复！"梁老更是有感而发，当场赋诗一首，呼吁"还我神州第一桥"。权威人士一锤定音，徐静柏他们心里更踏实了。眼看垂虹桥恢复有望，可接下来由于一些原因，没有施行，很是可惜。

时隔一年，垂虹桥东端沉睡于地下的十孔桥洞和桥塊重见天日，华严宝塔屹立于垂虹桥北侧，垂虹桥遗迹重新被列为江苏省文物保护单位，2019 年则公布为全国重点文物保护单位。面对此情此景，我们不会忘记费老对此所付出的智慧和力量及所流淌的汗水和心血。我们相信，费老在小城镇建设中正确处理发展与保护关系的思想，将永远滋润着家乡广袤的文化沃土。

（本文据徐静柏《心系垂虹 桑梓情深》摘辑）

附：

## 杂 咏

### 费孝通

垂虹五彩迎天晴，鲈乡遗风念双亲。

偕君几次访江村，喜见旧貌变更新。

# 后　记

　　吴江城区东门外的垂虹桥，位于太湖之滨、大运河与吴淞江故道（长桥河）的交汇之处，素以"江南第一长桥"闻名遐迩。自北宋庆历八年（1048）始建起，即被誉为"三吴绝景"，数百位历代名人或来此观瞻赏景、作别怀古，或来此吟诗诵词、泼墨作画，留下了许多千古佳话和璀璨篇章。

　　近些年来，吴江有关垂虹桥的书籍出了好几本，有吴江政协的垂虹桥诗词集《垂虹秋色满东南》，有吴江诗词协会的垂虹桥诗词选读《垂虹诗韵》，有吴江档案馆的《垂虹桥志》，也有我们从垂虹桥的价值角度入手而编著的《垂虹桥》，但系统地撰写历代名人与垂虹桥的因缘故事从而凸现垂虹桥的历史价值、艺术价值和科学价值的书籍尚未面世，鉴于此，我们经数年的搜集整理，撰写了一百零六篇描述北宋至近现代历代名人与垂虹桥史实的文章，其中北宋十七篇，南宋二十三篇，元代十一篇，明代二十六篇，清代十九篇，近现代十篇，汇集成《垂虹亭下星如织——历代名人与垂虹桥》一书。书名"垂虹亭下星如织"是南宋诗人葛长庚（白玉蟾）《泛舟吴江》中的诗句，描绘了一幅垂虹桥下波映星空的夜景图，将之喻为历代众多名人有缘与垂虹桥的史实也可谓契合。

　　在本书撰写出版过程中，承蒙著名古建筑专家和历史文化古城保护专家阮仪三先生作序，承蒙中国书法家协会会员、苏州市吴江区人民政府副区长孙俊良先生题写书名，承蒙吴江政协原主席徐静柏先生给予《费孝通心系垂虹》一文予以大力支持，承蒙吴江博物馆馆长、吴江区诗词协会会长汝悦来先生给予书中有关书画内容文字予以大力支持，承蒙吴江区摄影家协会原主席潘福官先生为本书提供部分照片，承蒙汾湖高新区（黎里镇）人大原副主席凌刚强先生给本书的出版予以大力支持，在此，谨一并表示深切的谢意。

"妆罢低声问夫婿，画眉深浅入时无？"这一本《垂虹亭下星如织——历代名人与垂虹桥》面世了，唯愿大家能喜欢它，能在读后了解并喜欢上垂虹桥和垂虹桥所在的苏州吴江。如此，我们则幸甚矣！

书中定有不少错谬和不足之处，谨请大家不吝指正。

著者于甲辰孟夏